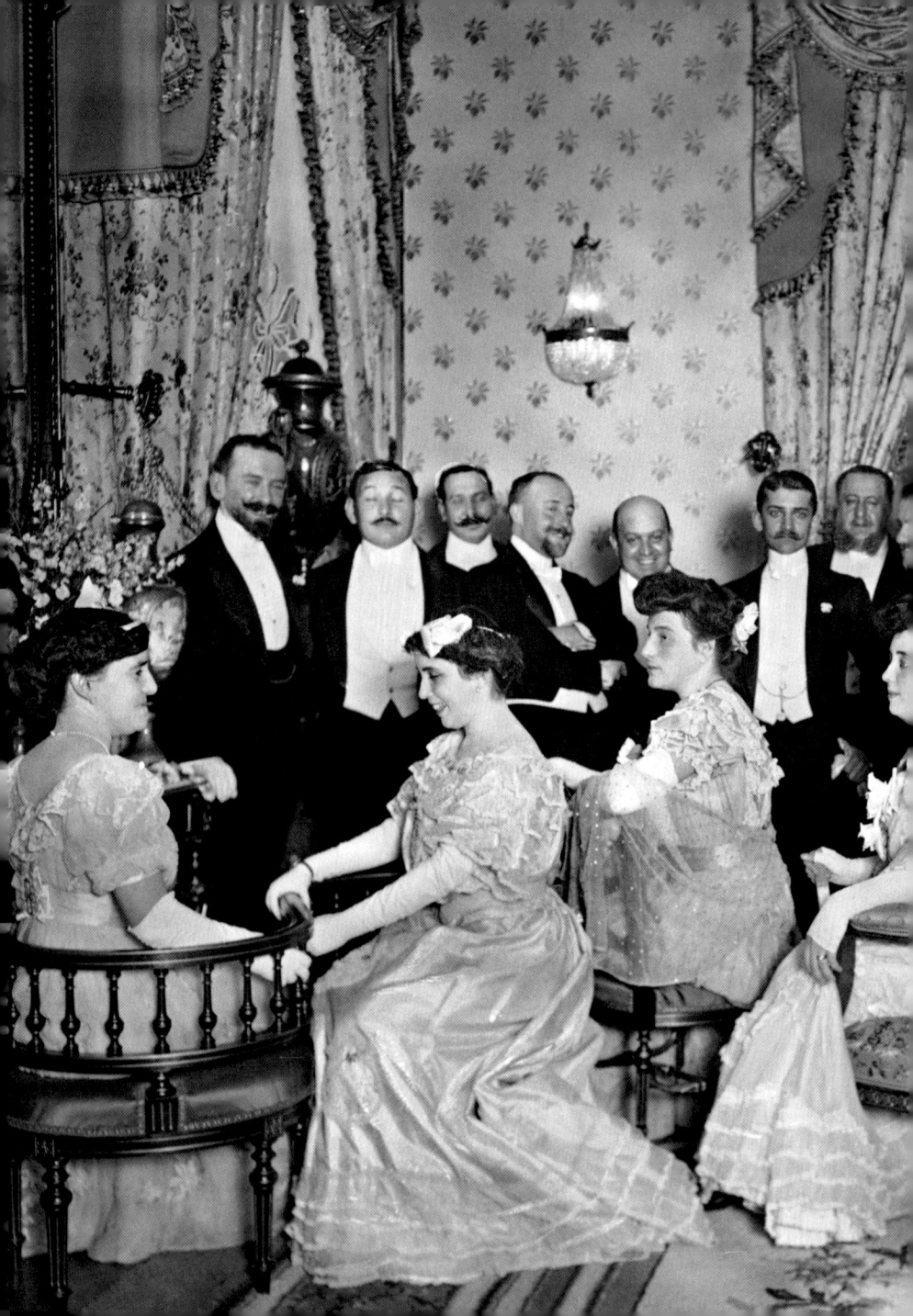

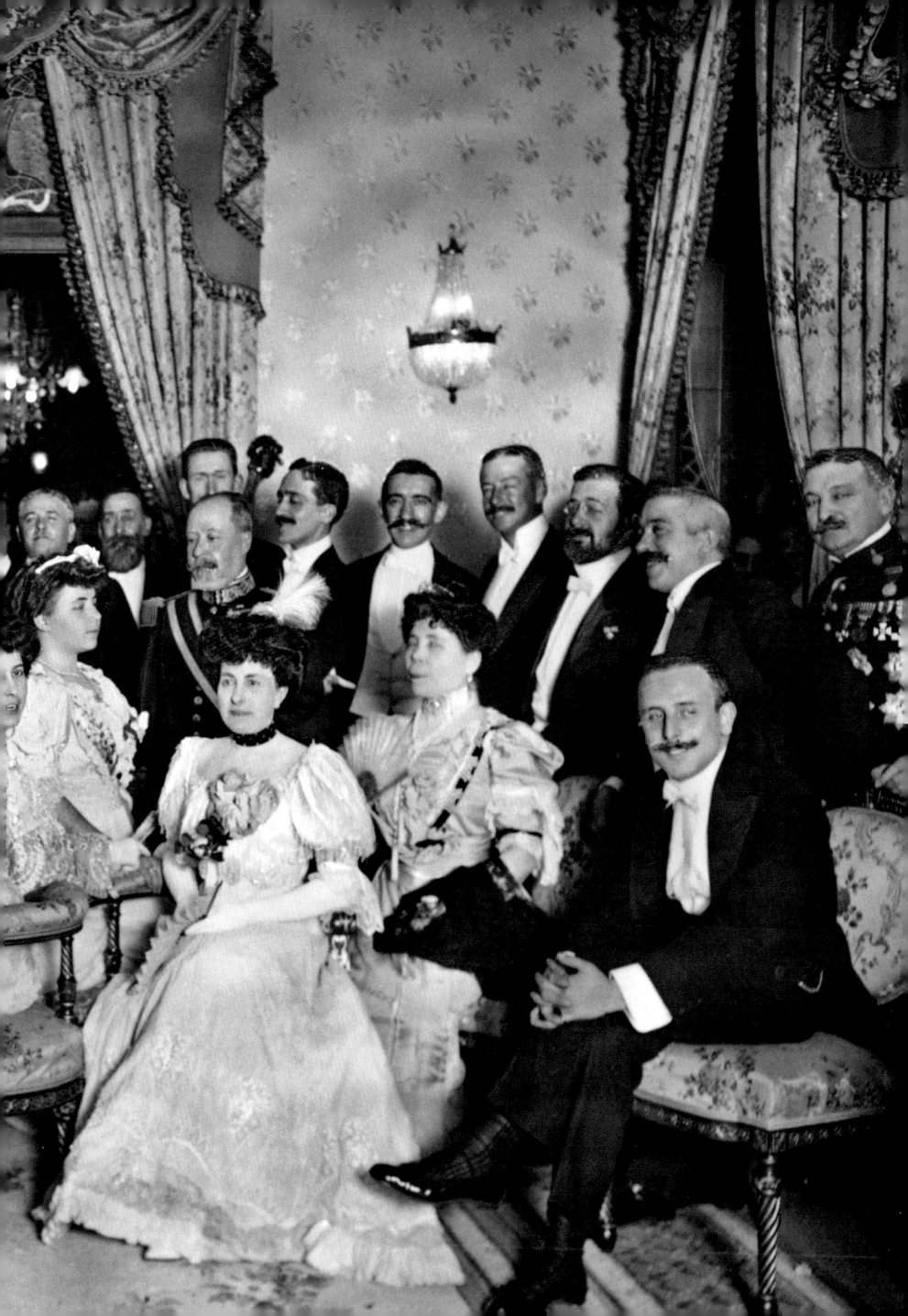

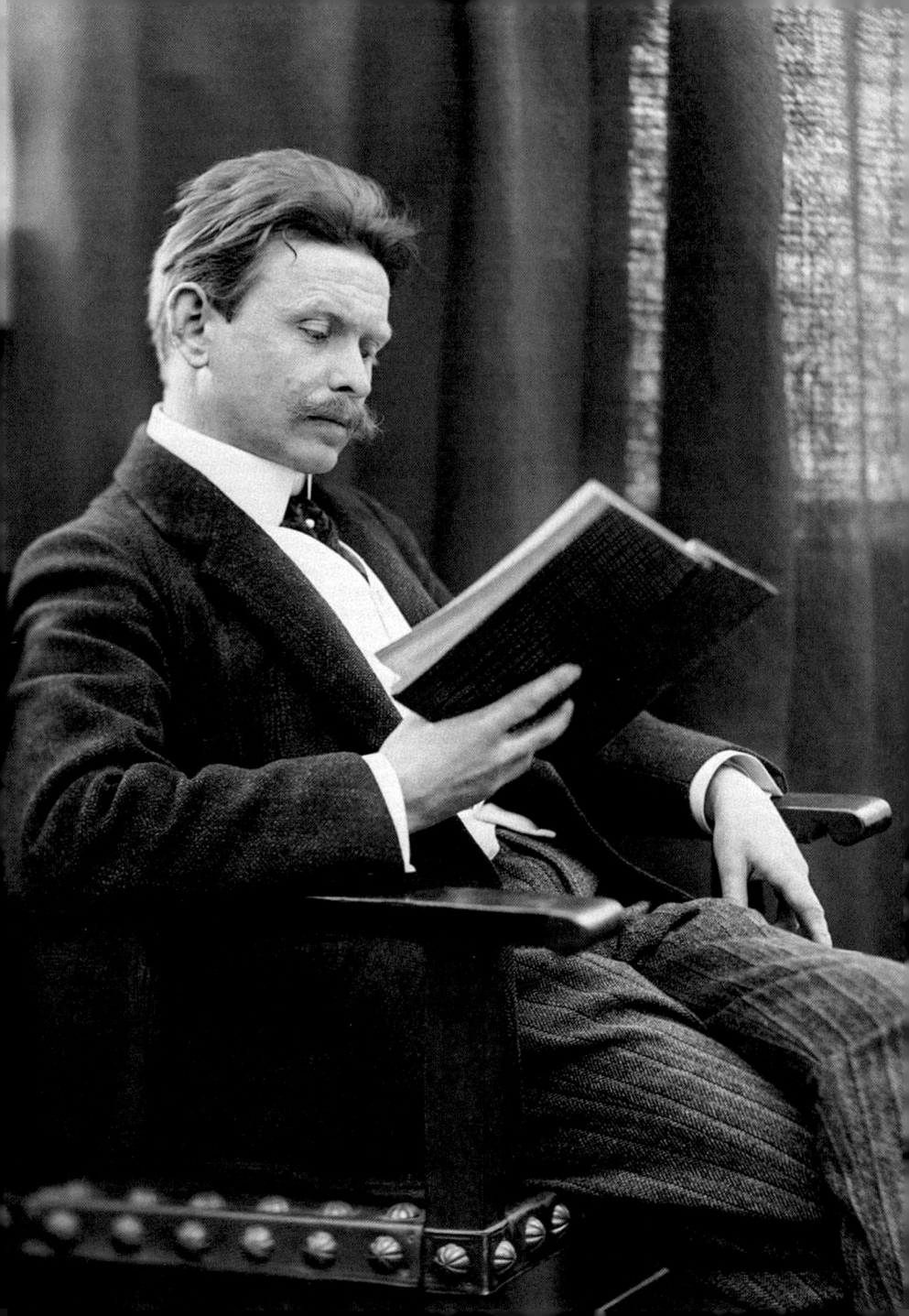

Maestros de la fotografía
en la Academia de Bellas Artes de San Fernando

CHRISTIAN
FRANZEN

Real Academia de
Bellas Artes de San Fernando

Madrid, 2023

Real Academia de Bellas Artes de San Fernando

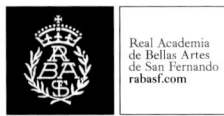

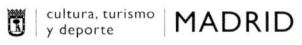

Índice

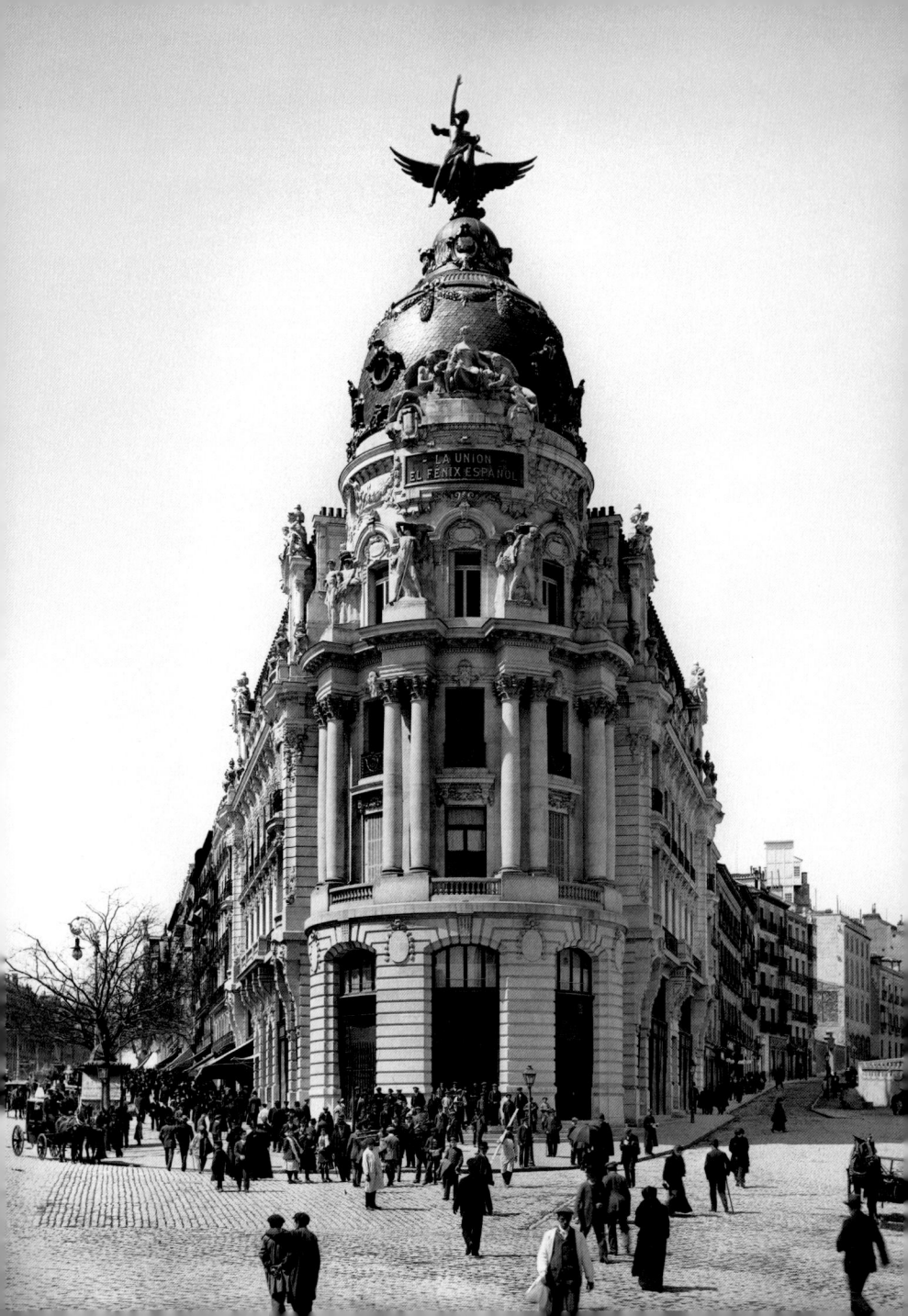

PUBLIO LÓPEZ MONDÉJAR

Académico de San Fernando. Sección Artes de la Imagen

Un danés en el Madrid de la Restauración

En septiembre de 2023 se cumple el primer centenario de la muerte de Christian Franzen (1864-1923), el gran fotógrafo del Madrid de la Restauración y la Regencia. Con esta ocasión, la Real Academia de Bellas Artes de San Fernando edita el presente libro, quinto de su colección *Maestros de la fotografía en la Academia*.

En las postrimerías del siglo XIX, el tamaño del mundo comenzó vertiginosamente a menguar, gracias al poder de registro y representación de las fotografías, que entonces comenzaban a publicarse en la prensa ilustrada. A partir de 1880, en que la técnica fotomecánica fue capaz de reproducir las imágenes por medios tonos, la fotografía comenzó a integrarse en las publicaciones gráficas españolas como *Blanco y Negro* (1891), *Nuevo Mundo* (1894), y *La Ilustración Española y Americana* (1869). Decenas de fotógrafos abandonaron entonces el retrato por el reportaje, aunque los más capaces supieron combinar su actividad de retratistas con su trabajo fuera de los estudios. Uno de los más grandes, seguramente el mejor, fue Christian Franzen.

Danés de origen, Franzen llegó a España en los años postreros de la Restauración borbónica y el inicio de la Regencia de María Cristina de Habsburgo. Hijo de maestro

El edificio de la Unión y el Fénix Español. Madrid, 1910.

y aprendiz de laboratorio en los principales estudios de Copenhague, en 1886 se estableció en un estudio propio en Copenhague, en el que trabajó hasta las vísperas de su viaje a España. Con el oficio bien aprendido, abandonó Dinamarca en los primeros días de la década de 1890, para residenciarse definitivamente en Madrid, donde llegó a ser cónsul honorario de su país. En 1894 comenzó a colaborar en la prensa y tres años después estableció su célebre Fotografía en el número 11 de la céntrica calle del Príncipe, frente al teatro de la Comedia. En este elegante estudio abuhardillado fue construyendo su prestigioso catálogo de retratos, en el que encontramos a los miembros de la realeza y, del rey abajo, a todos los que eran algo en la alta sociedad madrileña de entonces: aristócratas, actores, literatos, artistas y miembros de la ascendente burguesía de los negocios.

En los días del fin de siglo, a Franzen se le podía encontrar en su estudio, en los cafés del centro de Madrid, en la ópera, en los teatros y en los salones aristocráticos de la capital, tan generosamente descritos por los cronistas de sociedad, como el marqués de Valdeiglesias, Enrique Casal (*León Boyd*), el marqués de Santo Floro y Eugenio Rodríguez de la Escalera (*Monte-Cristo*). En aquellos cenáculos de la Monarquía restaurada se hacía presente el fotógrafo, desplegando su elegante persona, su parla insinuante y su talento natural para la seducción y el trato. Su presencia en las veladas sociales se hizo tan asidua que el propio *Monte-Cristo* llegó a decir que éstas no se iniciaban hasta que Franzen no llegaba pertrechado con sus aparatosas cámaras de fuelle, sus trípodes de madera y sus deslumbrantes flashes de magnesio. Esta revolucionaria técnica de iluminación le permitió registrar, no sólo los salones de la capital, sino las redacciones de prensa, los cafés, los teatros y las proyecciones fotográficas de la Real Sociedad Fotográfica de Madrid.

En pleno éxito profesional no pudo Franzen sustraerse a la tentación pictoricista, tan común entre los fotógrafos aficionados de su tiempo. Fruto de esta dedicación son los deslumbrantes heliograbados integrados en su serie *Tres fiestas artísticas*, delicadas escenificaciones de obras famosas de la pintura y la literatura, cercanas a la estética de los *tableaux vivants* victorianos. Pero fue en los ámbitos del reportaje y el retrato donde realizó sus obras mejores, las más arriesgadas, las más originales y dignas de perpetuación. Desde sus primeros años de trabajo en Madrid, Franzen se convirtió en colaborador destacado de los más importantes semanarios ilustrados de la capital, en los que publicó sus series más celebradas, como *Estudios Fisionómicos*, *Madrid de Noche*, *Los Salones de Madrid* y *Fotografías Íntimas*, sobre las que se cimentó su gran prestigio profesional, que le convirtió en el más ilustre fotógrafo de la ciudad en la frontera de los siglos. Un prestigio que se mantuvo, inmutable, hasta el día de su muerte.

Este *Fotógrafo de reyes y rey de los fotógrafos*, como proclamaba su publicidad, fue además persona cultivada y siempre atenta a la vida cultural de la capital. No sólo fue popular entre los miembros de la alta sociedad, sino entre los artistas, académicos y literatos, que apreciaban sinceramente su talento y la delicadeza de su registro. De su cercanía personal con Emilia Pardo Bazán, Juan Valera, José Echegaray, y sobre todo con Pérez Galdós y Joaquín Sorolla, han quedado centenares de retratos inolvidables, con los que el fotógrafo compuso la mejor Galería de Celebridades de su tiempo, sólo comparable a las de Laurent y Eusebio Juliá en el suyo. Como reportero

NOTAS DE LA REALEZA

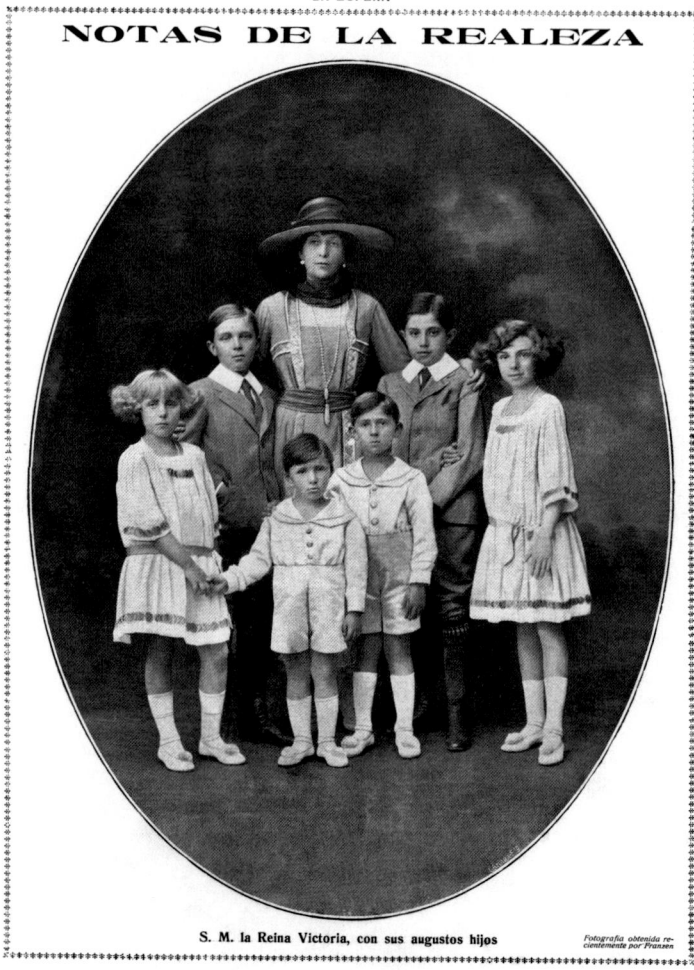

S. M. la Reina Victoria, con sus augustos hijos

Fotografía obtenida recientemente por Fransen

Franzen fue uno de los más destacados fotógrafos de la magnífica revista ilustrada *La Esfera*. 12 de junio de 1918 (Archivo Monasor)

fue autor de cientos de extraordinarias imágenes del Madrid que abría sus puertas al siglo XX, que constituyen un mosaico iconográfico de la ciudad de inestimable valor.

A la muerte de Franzen le sucedieron en el estudio Paul y Mimí Franzen, primo e hija del fotógrafo, que continuaron el negocio hasta el medio siglo. El 14 de septiembre de 1971, la prensa anunciaba la venta de la galería, con su colección de negativos, muebles de atrezzo, cámaras, forillos y todos los aperos fotográficos reunidos en tan largos años de oficio. En 1972, RTVE adquirió la colección de negativos, que fue depositada en los sótanos de su edificio de Prado del Rey, hasta que años después los responsables de la institución decidieron traspasarla a los almacenes de Arganda del Rey, en los que permanecieron hasta finales de 1990, expuestos a las injurias del deterioro y del olvido. Cuando, en los primeros días de 2022, RTVE anunció el final del proceso de catalogación de las placas de cristal, algunos echaron de menos sus mejores trabajos. Con raras excepciones, sólo se han conservado los retratos rutinarios de los miles de personajes anónimos que frecuentaron su estudio. Y faltan también los negativos de los Salones de Madrid, así como las cámaras, forillos, mobiliario, hemeroteca, y la totalidad de los magníficos heliograbados impresos en los prestigiosos talleres Dujardin, de París.

Con este libro y una exposición, la Real Academia de Bellas Artes de San Fernando quiere recordar a este olvidado y extraordinario fotógrafo, sin cuya obra no podríamos entender la historia del Madrid de la Regencia, ni la propia historia de la fotografía española.

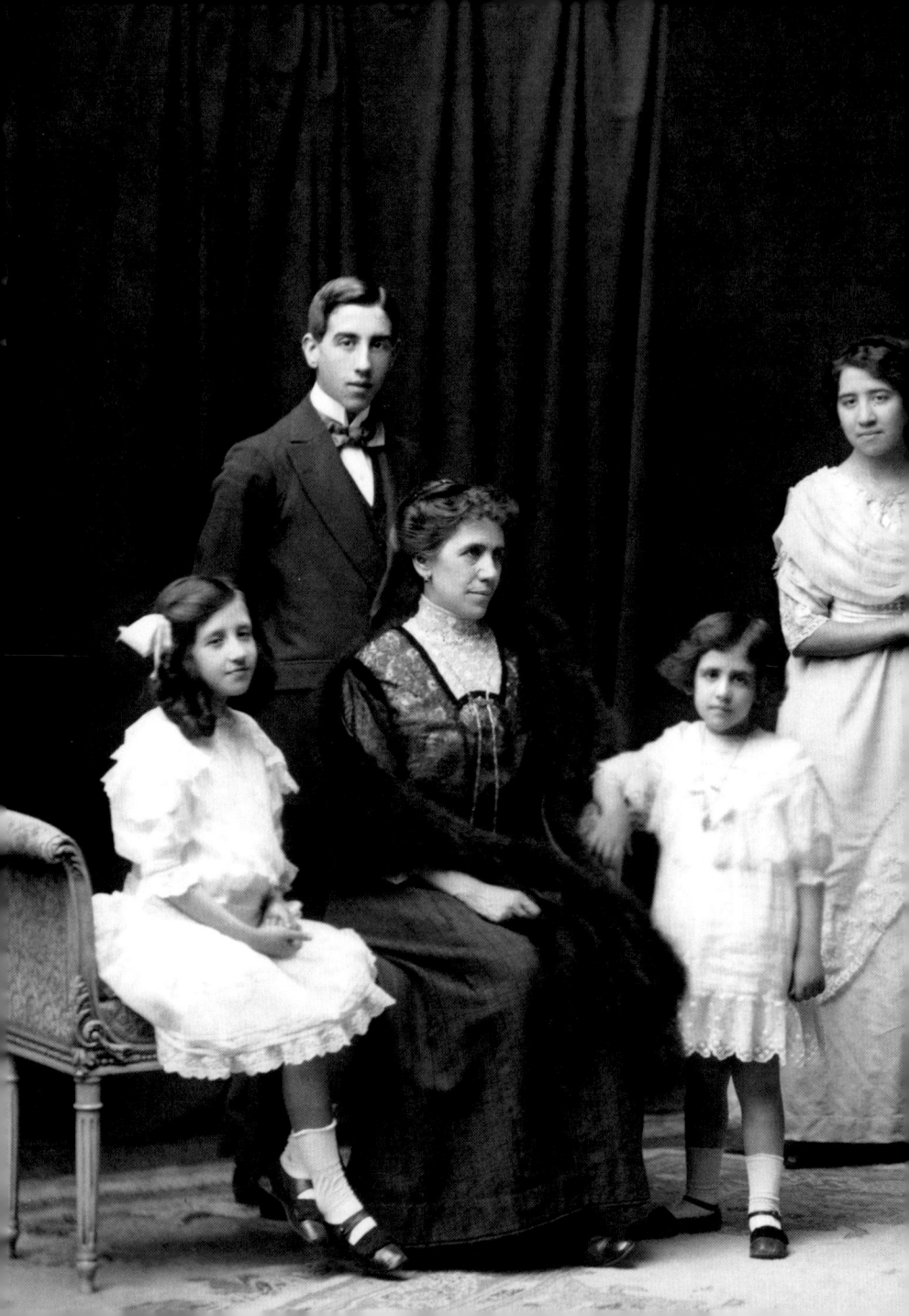

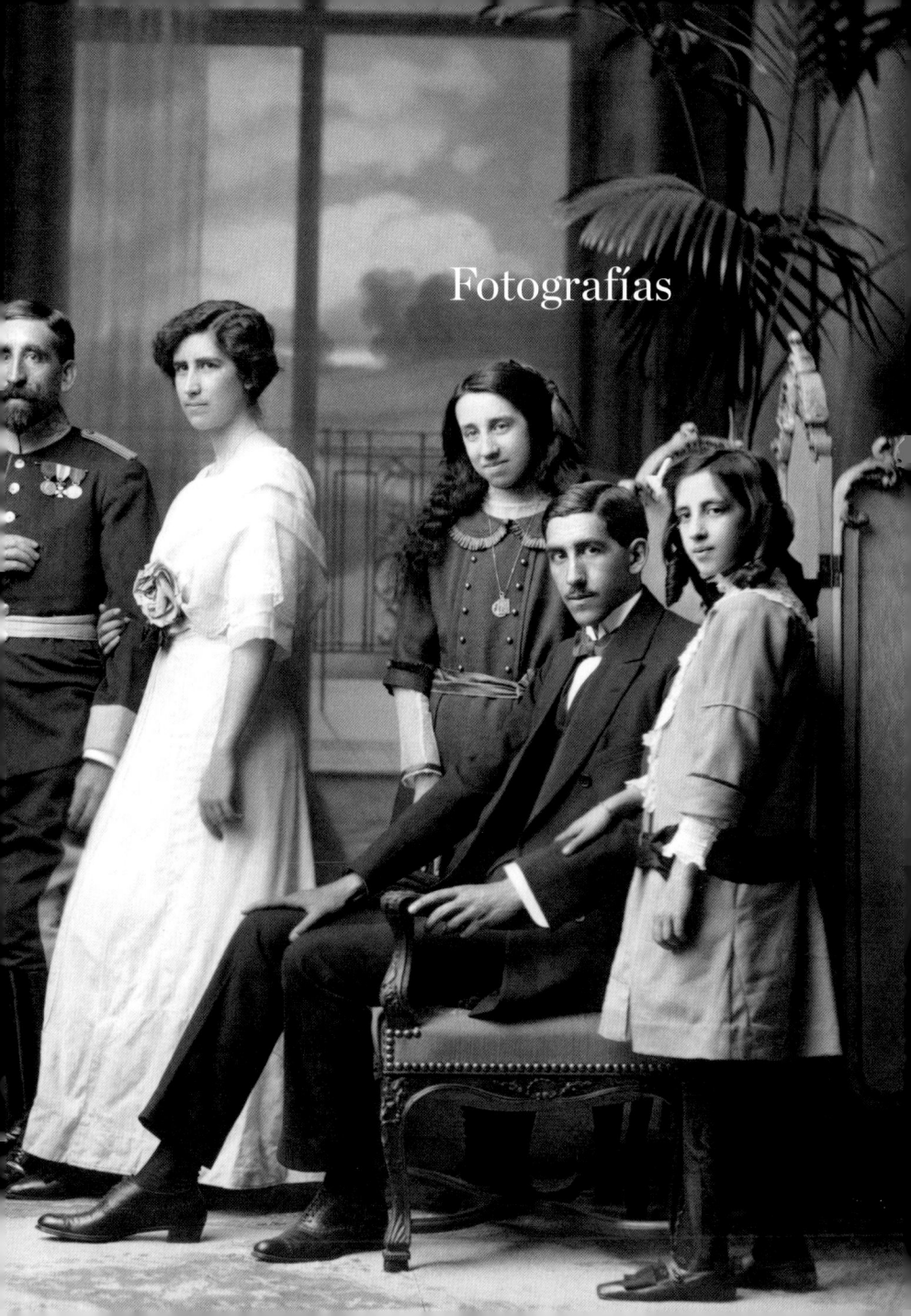

Fotografías

Retrato de la reina madre María Cristina de Habsburgo (1851-1929)
y del rey Alfonso XIII (1886-1941), ca. 1905

Papel baritado: 607 × 503 mm
Museo de la Real Academia de Bellas Artes de San Fernando
F-953

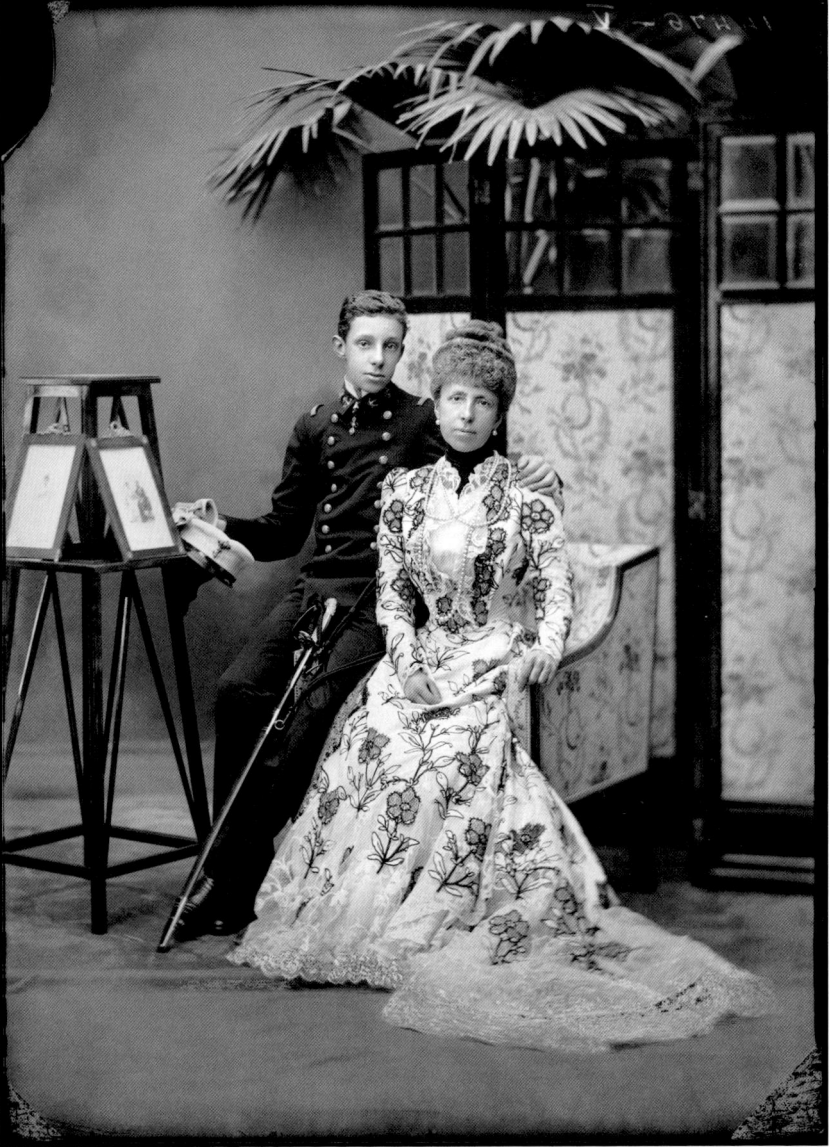

Retrato de la reina Victoria Eugenia de Battenberg (1887-1969), hacia 1915

Papel Mimosa, 199 × 120 mm
Museo de la Real Academia de Bellas Artes de San Fernando
F-807

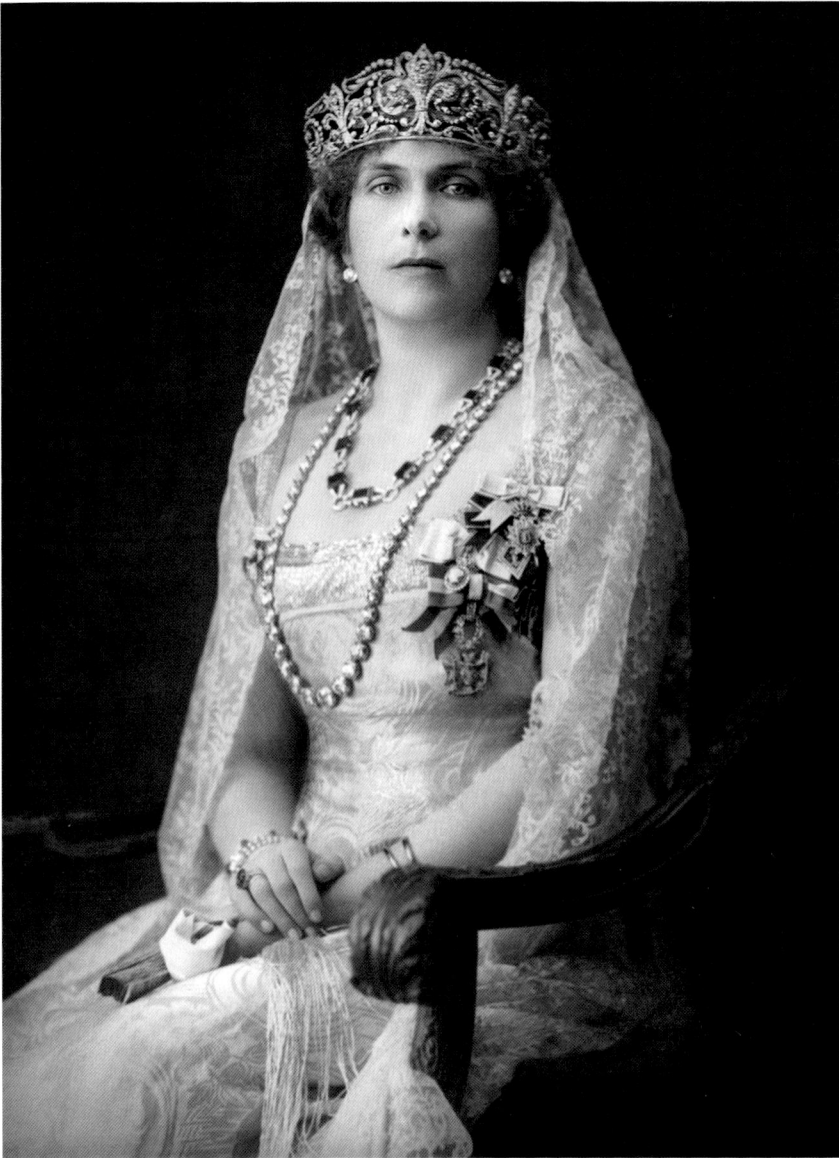

La reina Victoria Eugenia haciendo ganchillo con las infantas, Beatriz
y María Cristina, para el ropero de Caridad de Santa Victoria, hacia 1920

Papel baritado, 405 × 505 mm.
Museo de la Real Academia de Bellas Artes de San Fernando
F-933

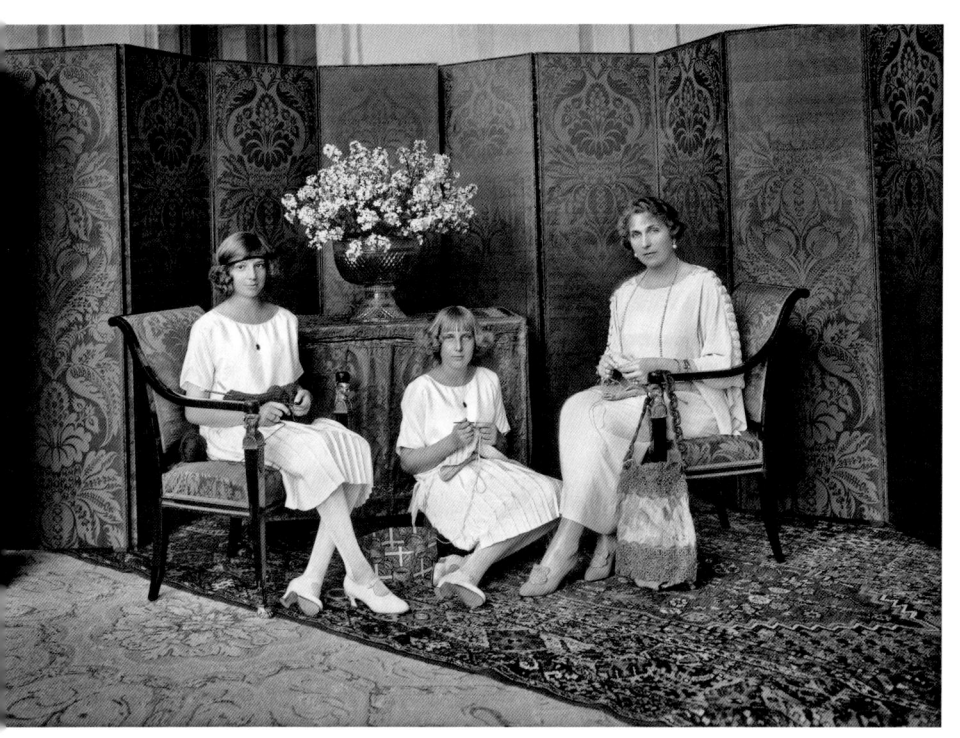

Infanta Eulalia de Borbón (1864-1958), hija menor de Isabel II, 1894

Papel baritado: 404 × 304 mm
Museo de la Real Academia de Bellas Artes de San Fernando
F-918

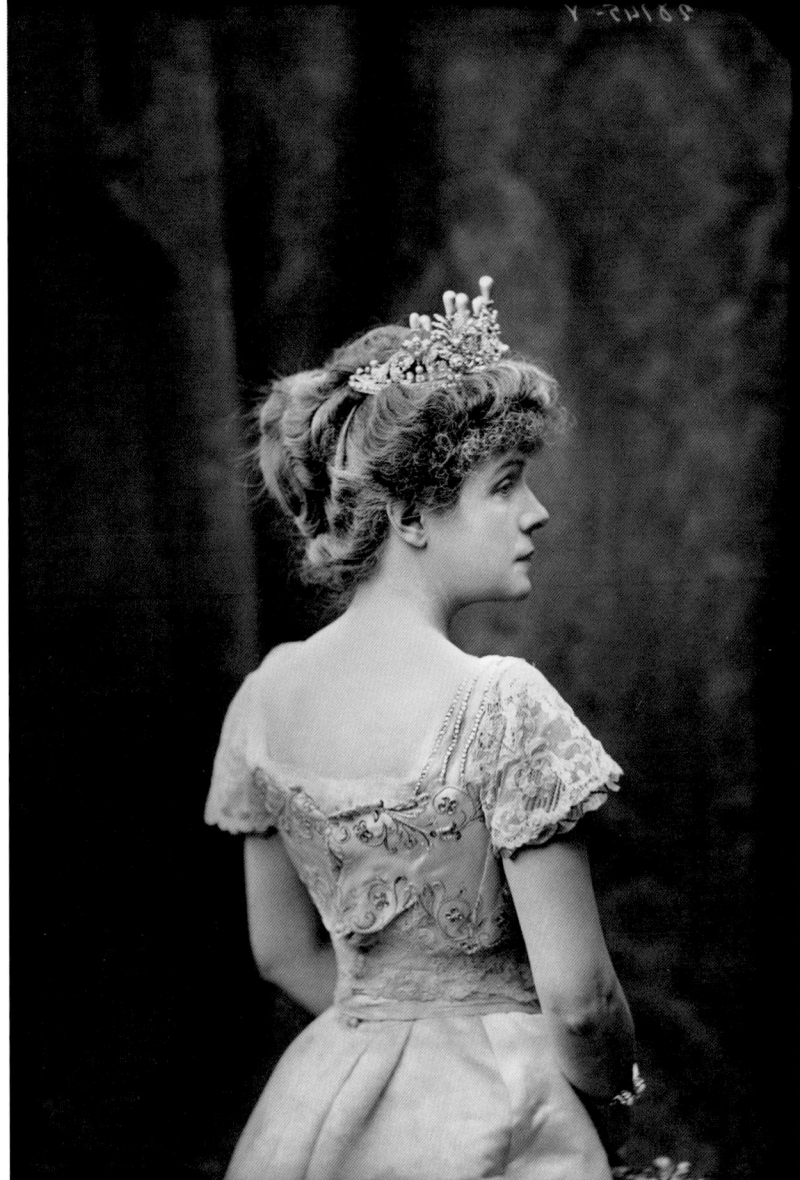

La reina regente María Cristina con sus tres hijos, María de las Mercedes (1880),
María Teresa (1882) y Alfonso XIII (1886)

Papel baritado: 405 × 304 mm
Museo de la Real Academia de Bellas Artes de San Fernando
F-777

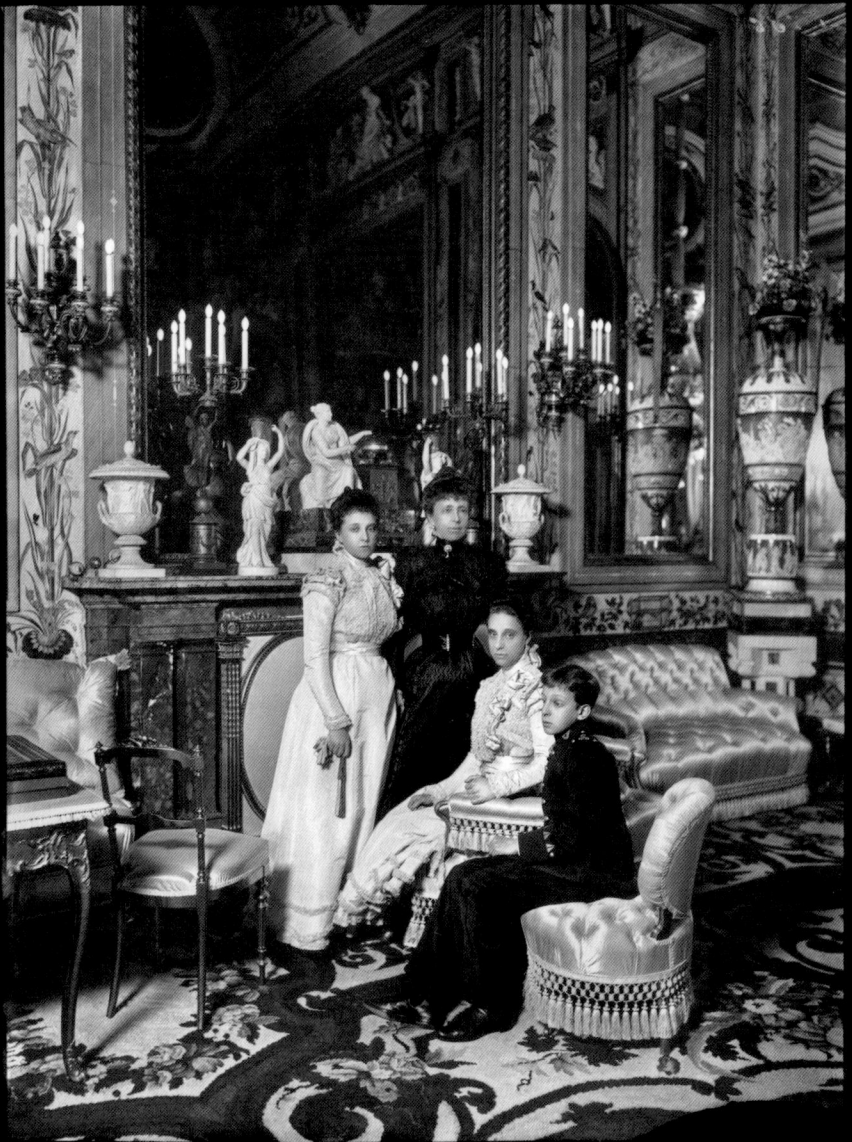

Alfonso XIII con el príncipe Boris de Rusia y los miembros de su séquito, en el Palacio de Oriente. Madrid, hacia 1905.

Papel baritado: 304 × 239 mm
Museo de la Real Academia de Bellas Artes de San Fernando
F-515

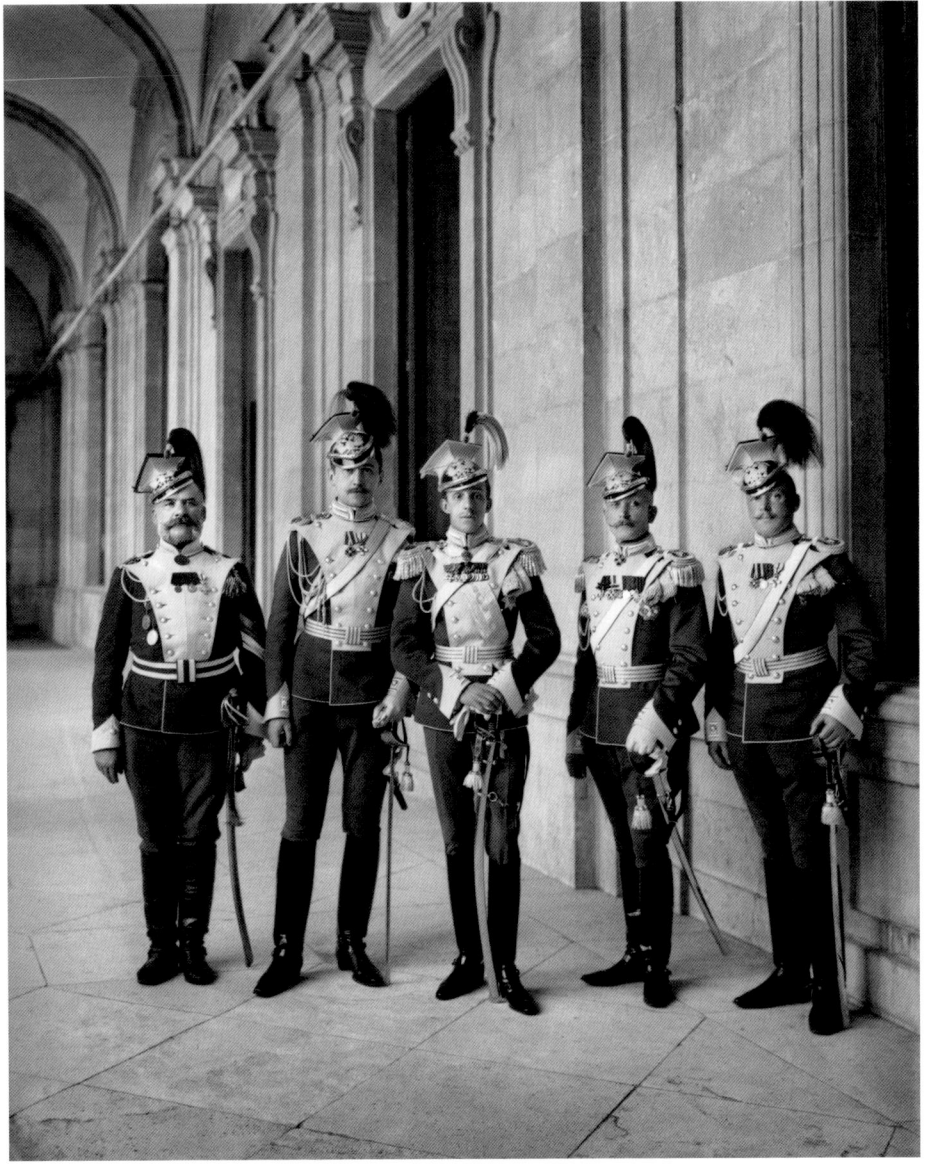

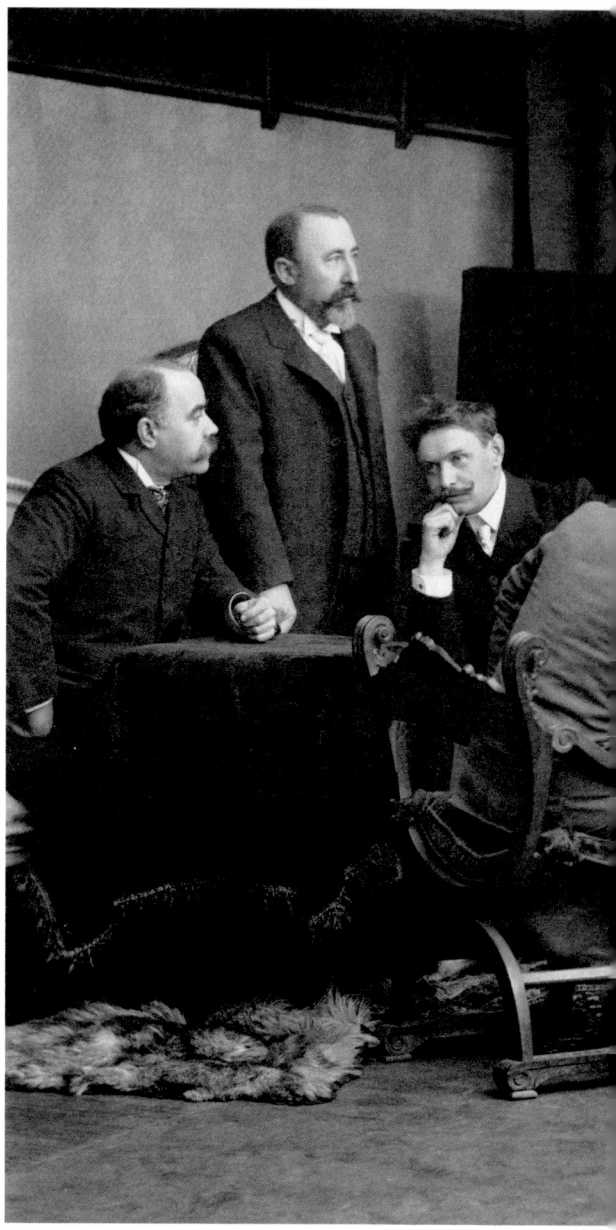

Tertulia en el estudio del fotógrafo, hacia 1910. Christian Franzen, tercero por la izquierda, con un grupo de fotógrafos, en la galería de su estudio.

Papel baritado:
201 × 297 mm.
Museo de la Real
Academia de Bellas
Artes de San Fernando
F-847

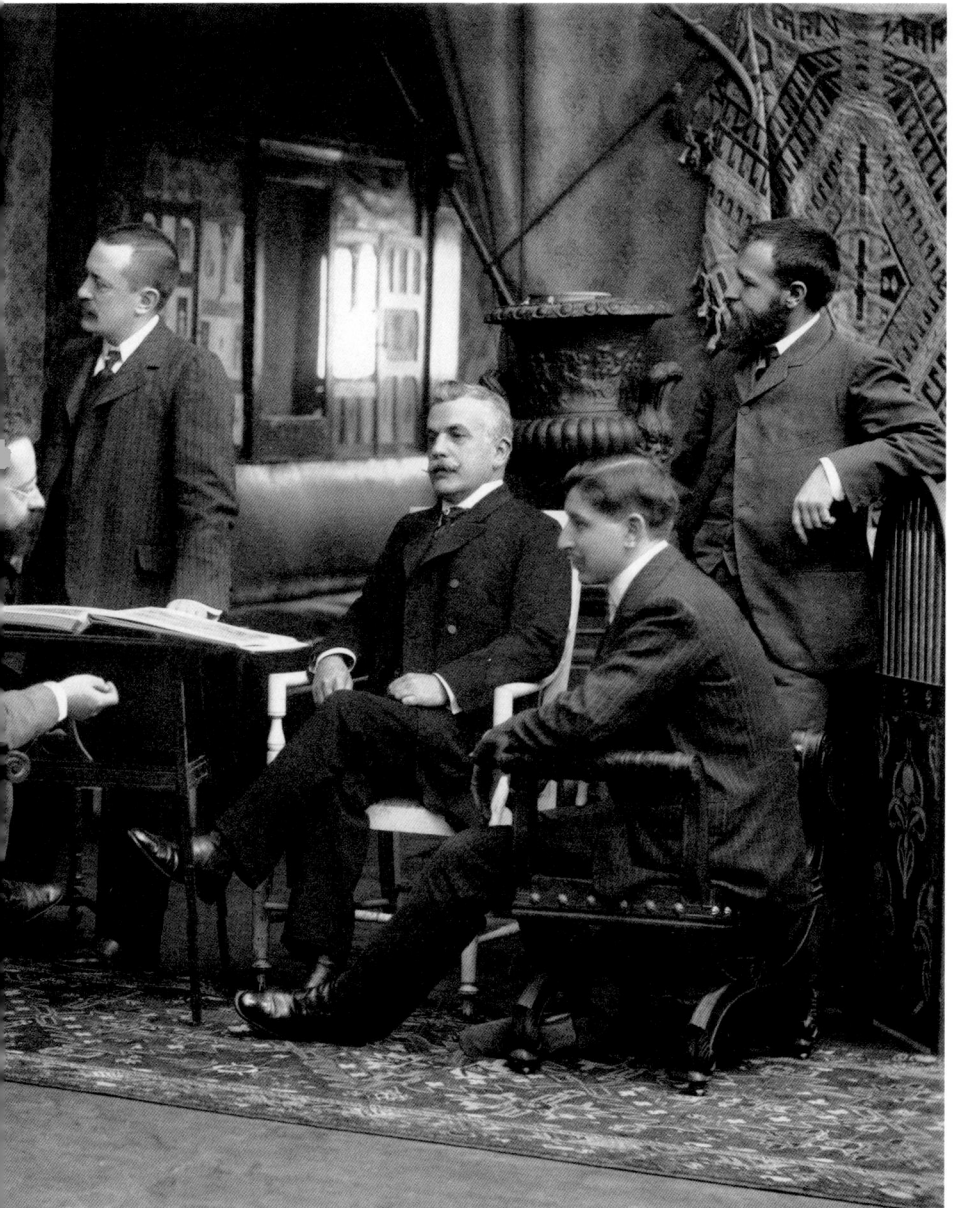

Redacción del Semanario "Blanco y Negro". 1896

(Colección Pedro Melero)

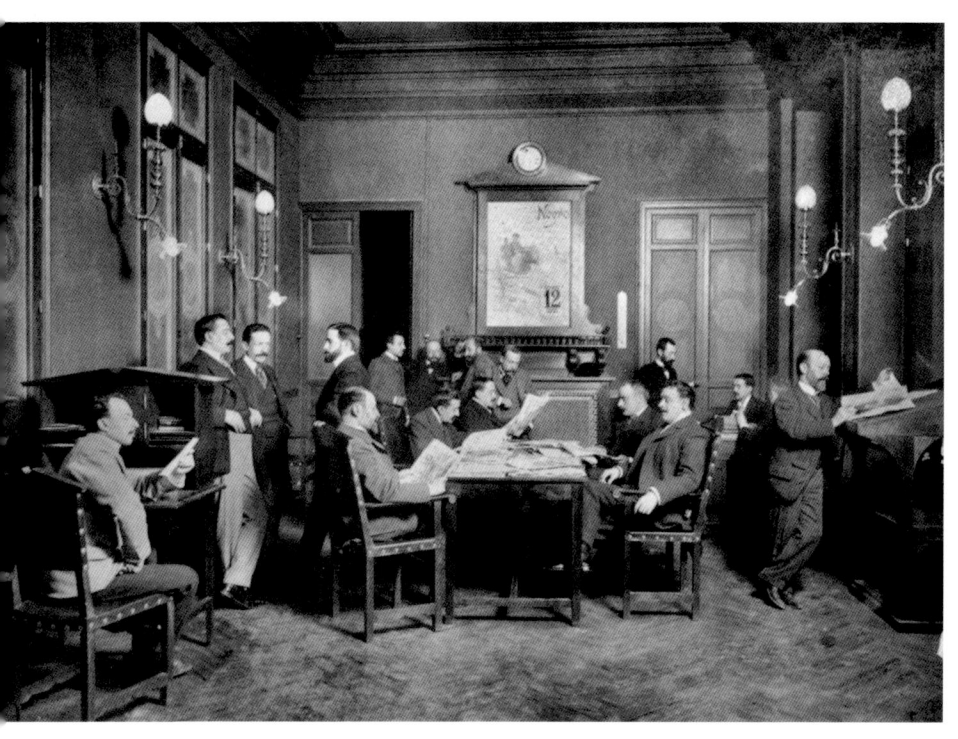

Emilia Pardo Bazán (1851-1921) en su palacete de la calle de la Princesa.
Madrid, hacia 1915.

(Colección particular)

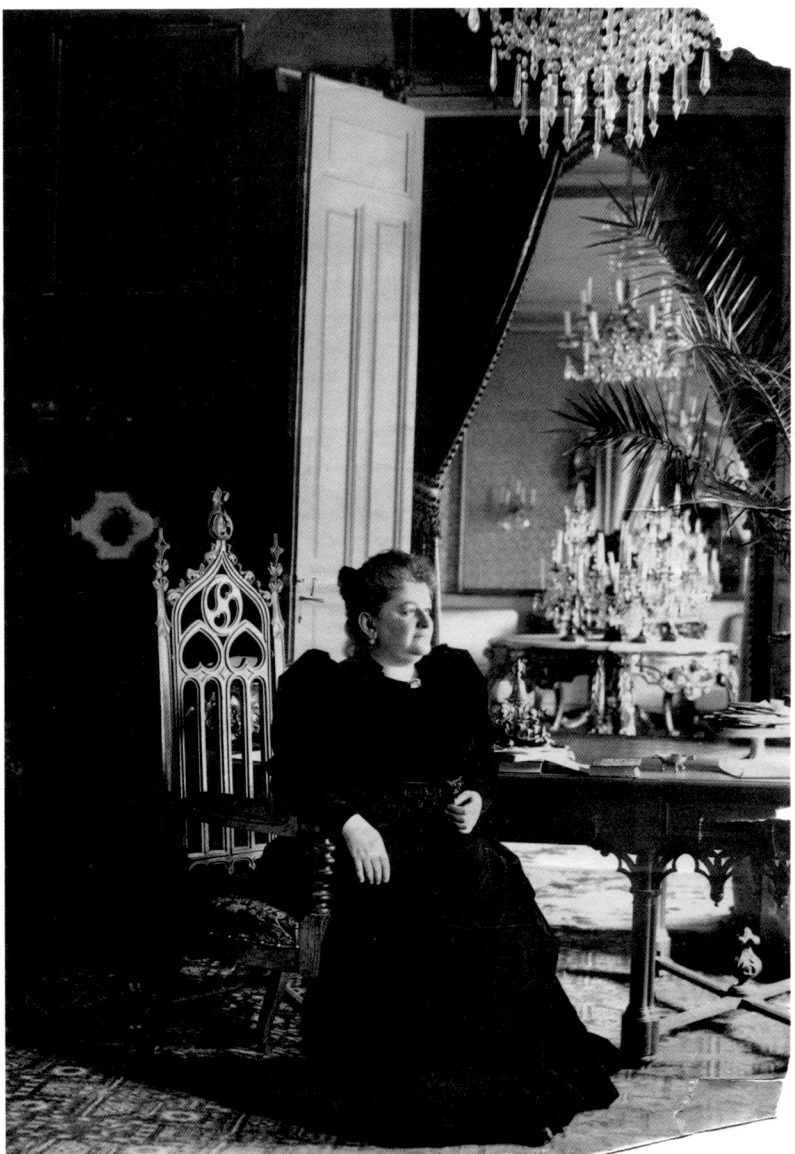

Maternidad. Homenaje a Marie L. Elisabeth Vigée Lebrun (1775-1842).

Papel baritado, 403 × 305 mm.
Museo de la Real Academia de Bellas Artes de San Fernando
F-429

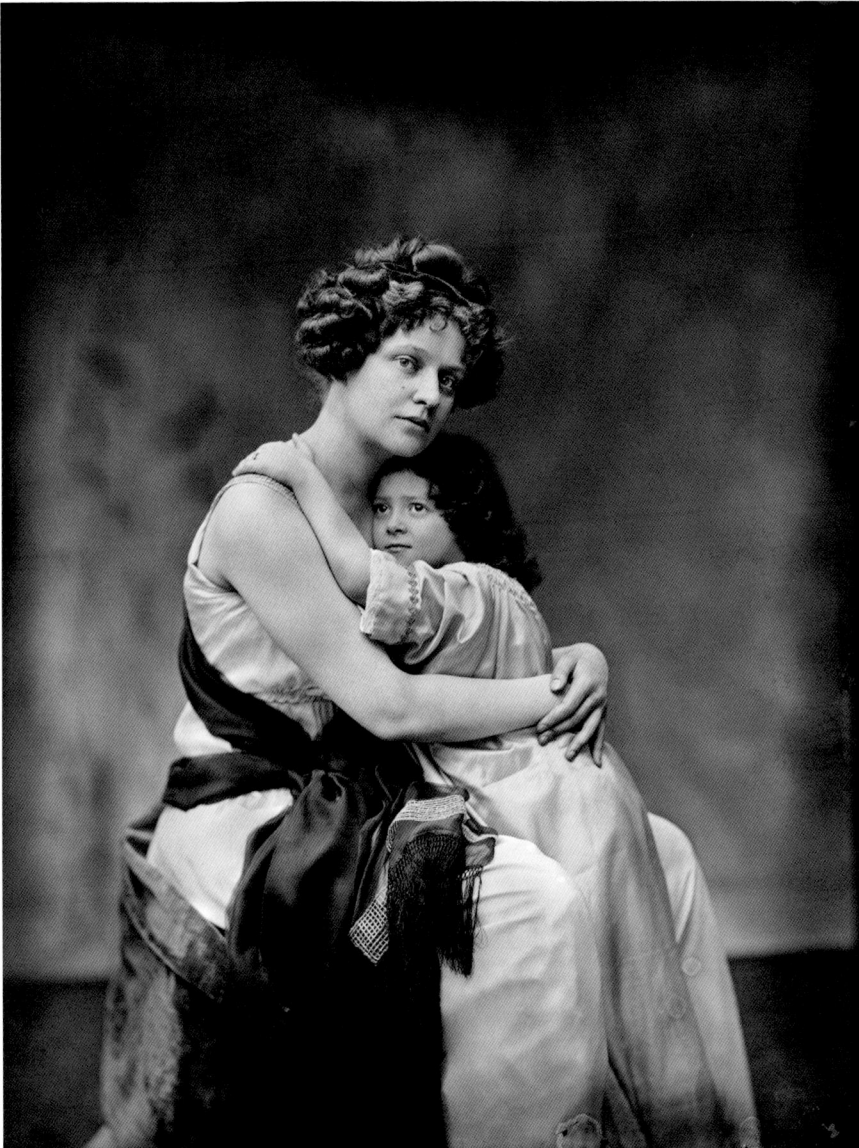

Benito Pérez Galdós (1843-1921)

Original de época. Albúmina, 310 × 238 mm. 1905
(Casa Museo Pérez Galdós. Las Palmas de Gran Canaria)

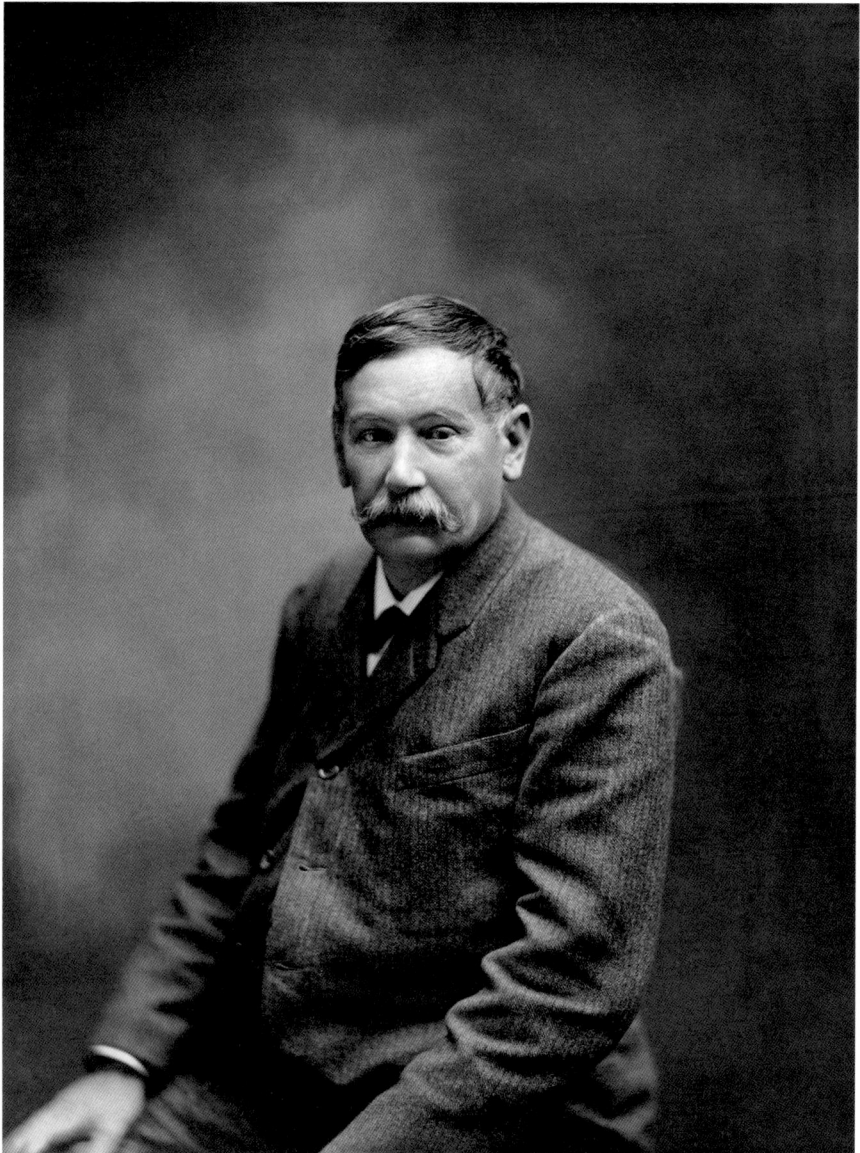

Retrato dedicado de Jacinto Benavente (1866-1954)

Original de época, 300 × 240 mm. 1910
(Colección particular)

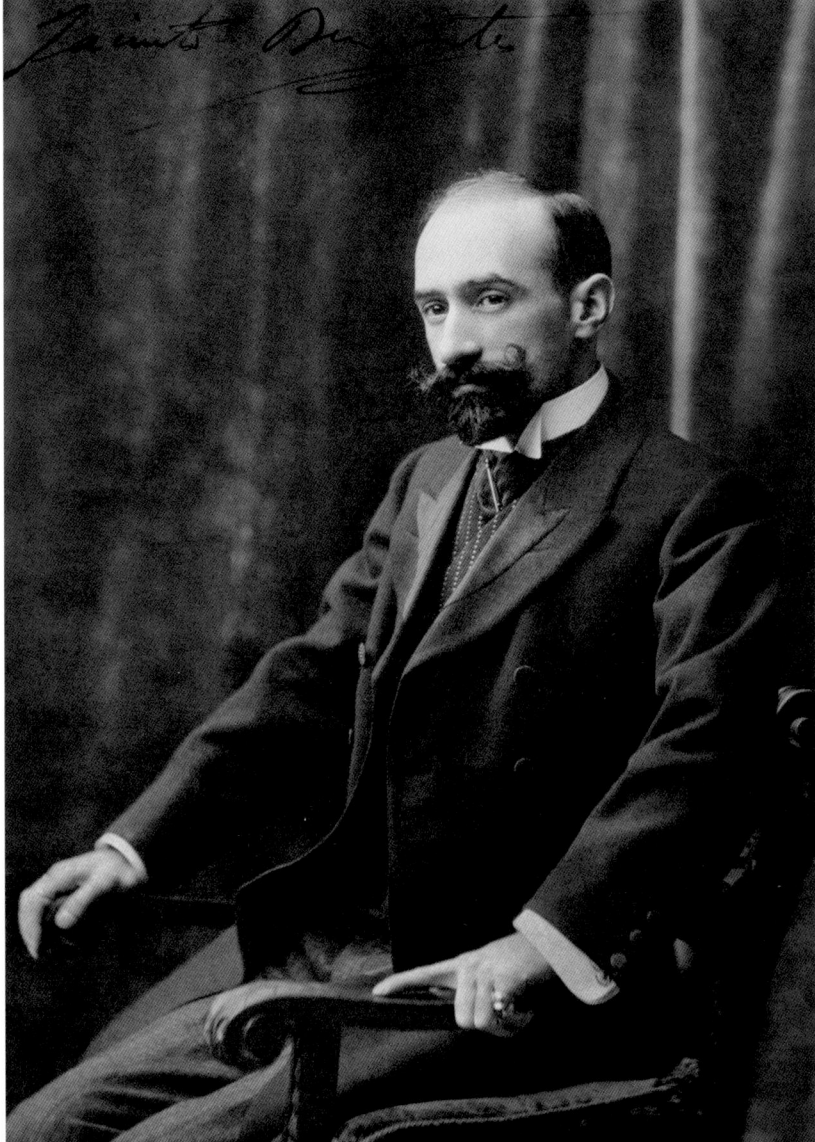

Juan Valera (1824-1905) en el salón de su casa

Original de época. Albúmina, 310 × 250 mm. 1895
(Colección particular)

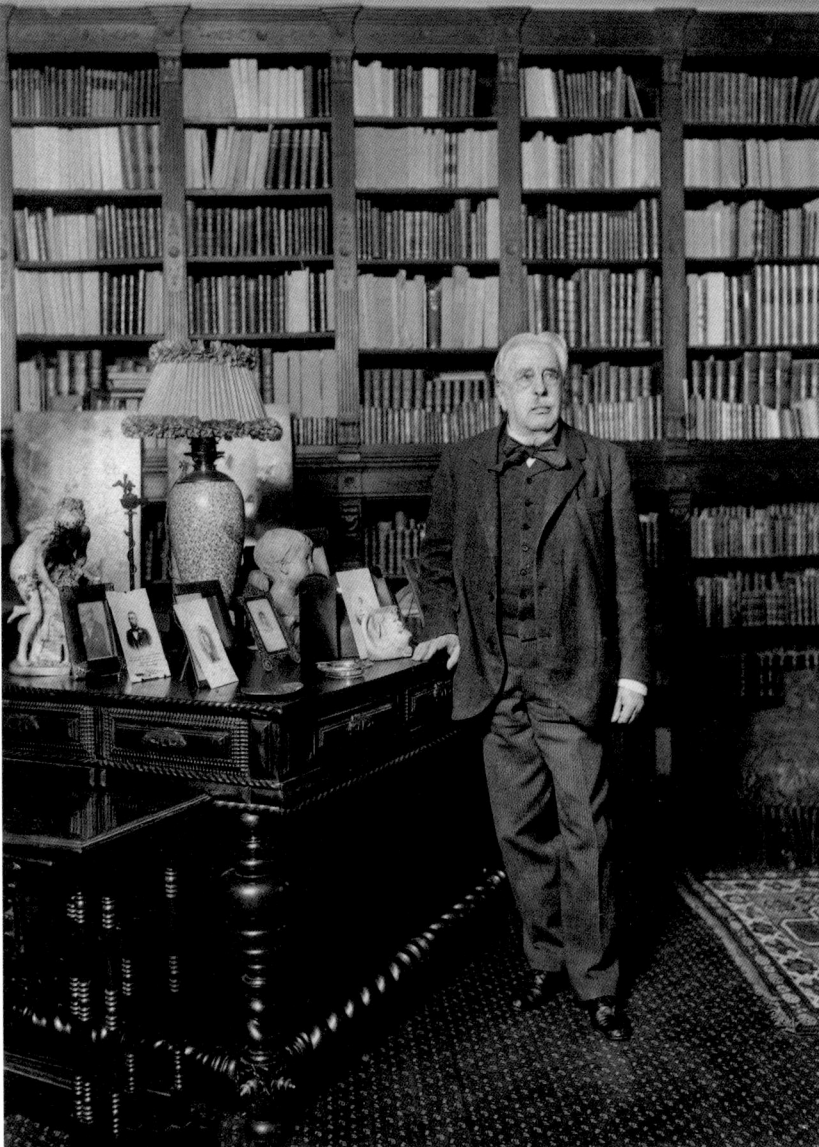

Lectura de Pérez Galdós en el salón del doctor Tolosa Latour.
Le escuchan, Tolosa Latour, Gamazo, Rafael Tolosa, el conde de San Luis,
la actriz Teresa Tenorio, Teresa Sigüenza y el pintor y periodista, Juan Comba

Papel de algodón: 201 × 297 mm
Museo de la Real Academia de Bellas Artes de San Fernando
F- 816

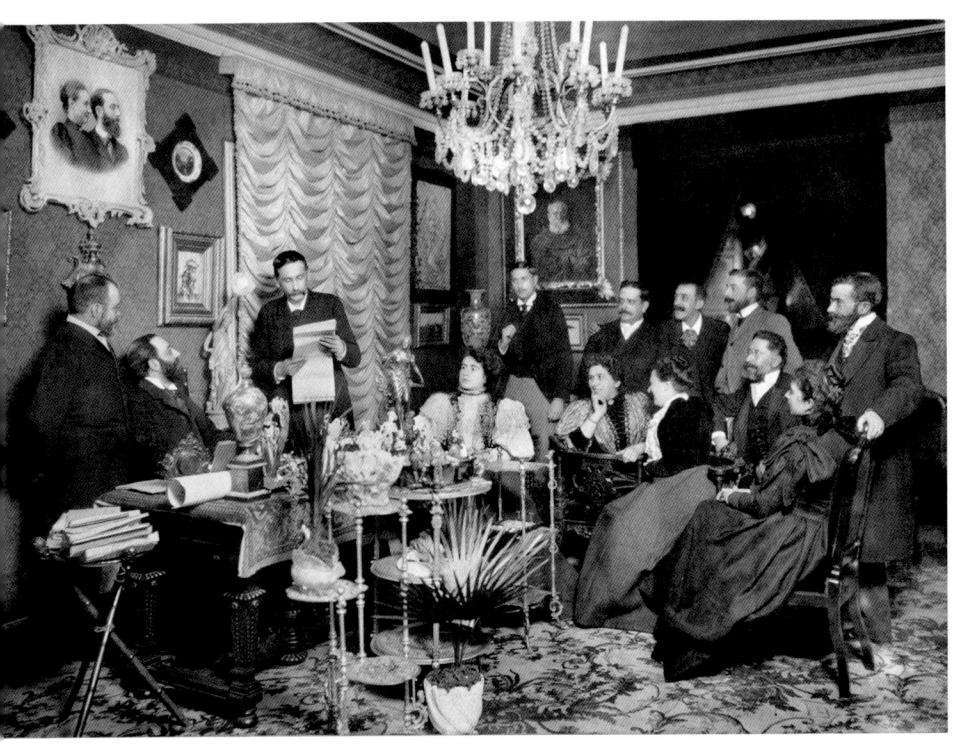

Franzen con su hija, en uno de los salones de su estudio. Hacia 1910
(Colección particular)

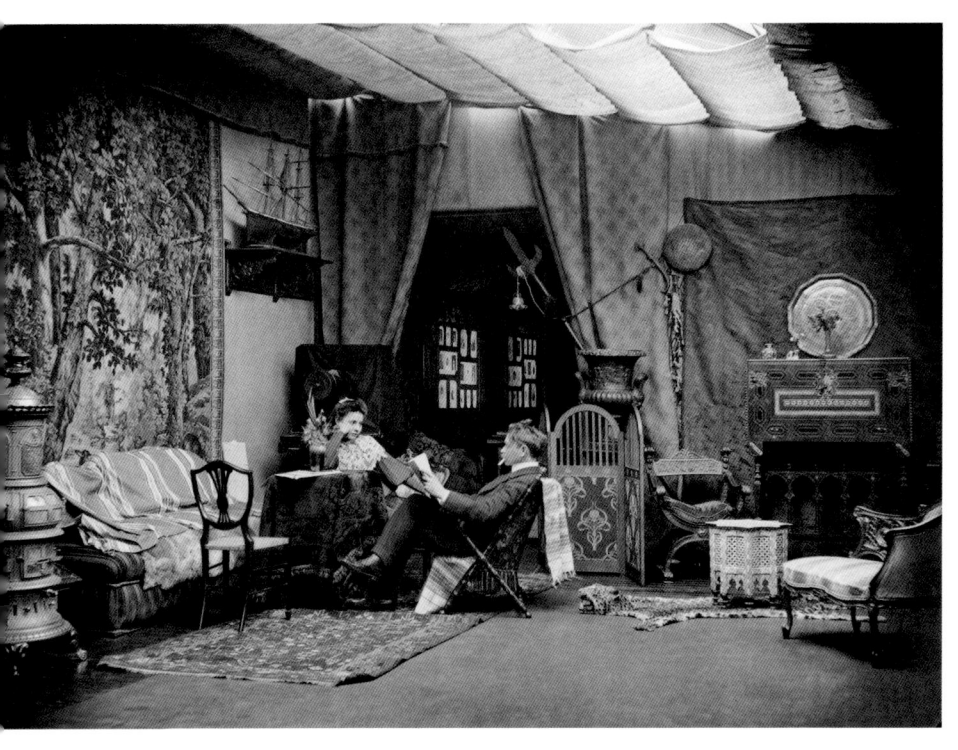

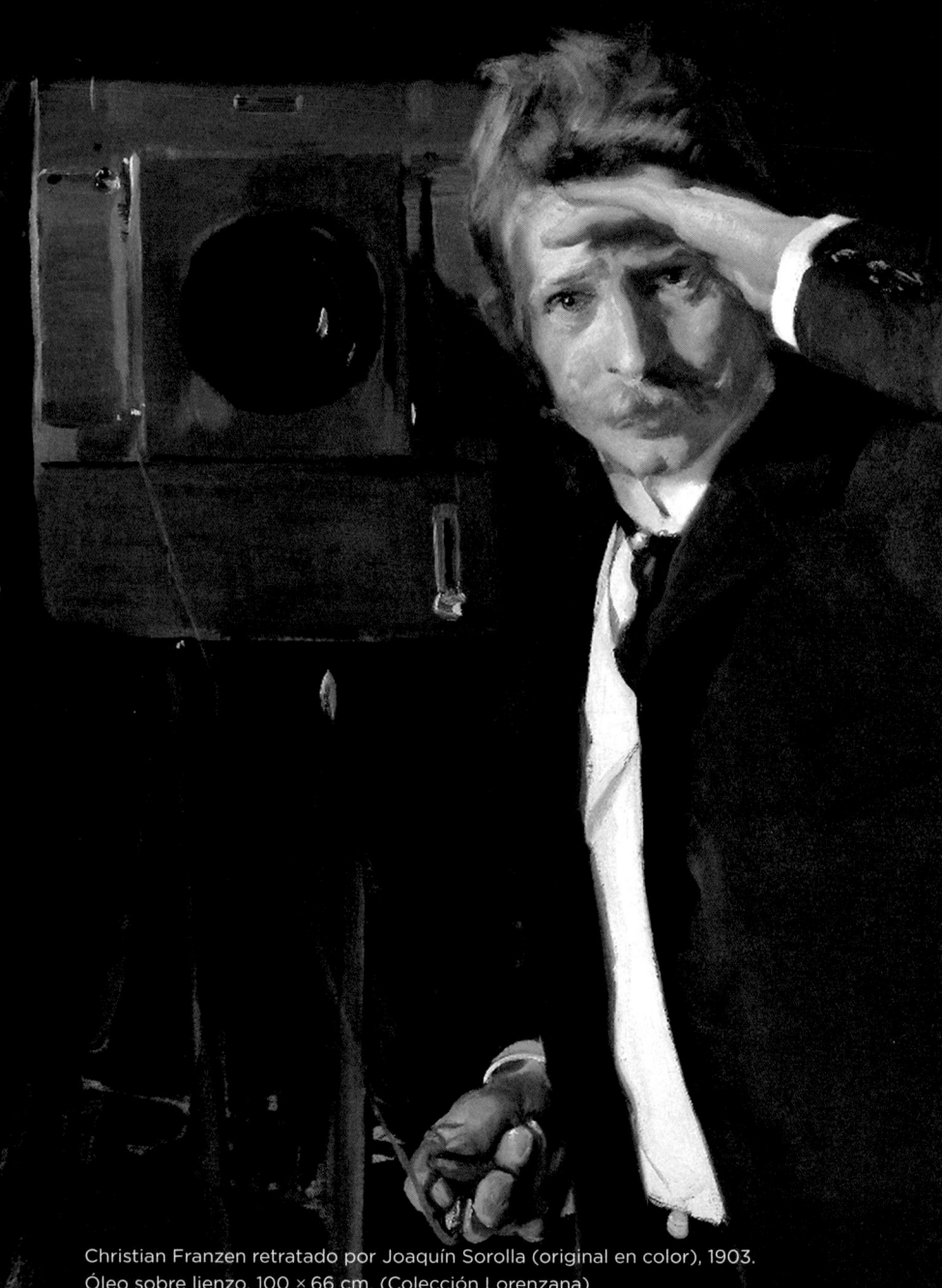

Christian Franzen retratado por Joaquín Sorolla (original en color), 1903.
Óleo sobre lienzo, 100 × 66 cm. (Colección Lorenzana)

ESTRELLA DE DIEGO

Académica de San Fernando. Sección Artes de la Imagen

Aprender las miradas

Christian Franzen está de pie al lado de su cámara de gran tamaño y sostiene la perilla en la mano derecha, a punto de disparar la fotografía. El hombre rubio y de ojos azules, apuesto, vestido con ropas sofisticadas, resume a su modo los deseos de aquel Madrid en el cambio de siglo, ávido de modernidad; la que buscaba cierta sociedad madrileña cortesana y con aspiraciones refinadas a principios del siglo XX, cuando el mundo entero cambiaba deprisa entre exposiciones universales, coches de caballos, trenes que cruzaban el paisaje y hacían del mundo a un tiempo un lugar más grande y más pequeño, el que se obstinaba en detener la fotografía, popularizada por entonces.

En este retrato Franzen mira hacia nosotros. Parecemos haberle sorprendido en medio de su tarea, mientras la mano izquierda se convierte en una improvisada visera sobre la frente. Así le pinta el amigo Sorolla en el bello cuadro de 1903, una pintura que recuerda al célebre autorretrato de Sir Joshua Reynolds, uno de los más intrépidos e inquietantes autorretratos en la tradición occidental. Como el retrato de Franzen, esta obra prodigiosa de Reynolds, ejecutada entre 1747 y 1749, incluso ahora y tras siglos de rupturas y quebramientos visuales, llama poderosamente la atención de quienes lo miran, lo miramos. También *El joven Reynolds deslumbrado por el sol* se ha puesto una mano de visera sobre la frente: en la otra sostiene el pincel con el cual va a pintar el lienzo que se adivina a un lado, visible sólo para el pintor.

Hay, no obstante, una diferencia esencial entre ambos cuadros, la que subraya el gesto de la mano sobre la frente. En el retrato de Sorolla no debe ser el sol lo que ciega a Franzen —se adivina por la luz casi homogénea sobre el rostro—. Parece más bien el gesto escrupuloso de quien necesita comprobar cada detalle antes de hacer la foto: el encuadre, la actitud de los modelos, la escenografía, la iluminación... Sobre todo la iluminación, juegos de luces que Franzen controlaba como pocos a través de sus refulgentes y conocidos flashes de magnesio. No podía haber un evento en Madrid sin el testimonio visual de Franzen, se solía repetir. De hecho, ser fotógrafo es tener ojo avezado y pericia técnica: sin cualquiera de estas dos cualidades el resultado final se tambaleará. La foto, al tiempo destreza e ingenio de miradas, conquista el mundo decididamente desde su aparición y dicta las visualidades a través de un proceso implacable. Cada vez más precisión, más matices; una forma sofisticada de aprender las miradas, aquellas que desde entonces, desde la aparición de la fotografía, van a convertirse en otras sin remedio; extraordinario juego de espejos en el cual el modelo se refleja en la lente de la cámara y, al hacerlo, en el ojo mismo del fotógrafo.

Christian Franzen ha llegado a España desde Dinamarca a primeros de 1890 y se ha establecido en Madrid, donde acabará siendo cónsul honorario de su país, como fotógrafo con estudio abierto en la céntrica Calle del Príncipe. Su maestría fotográfica, unida a los modales agradables y distinguidos y sus buenas relaciones sociales,

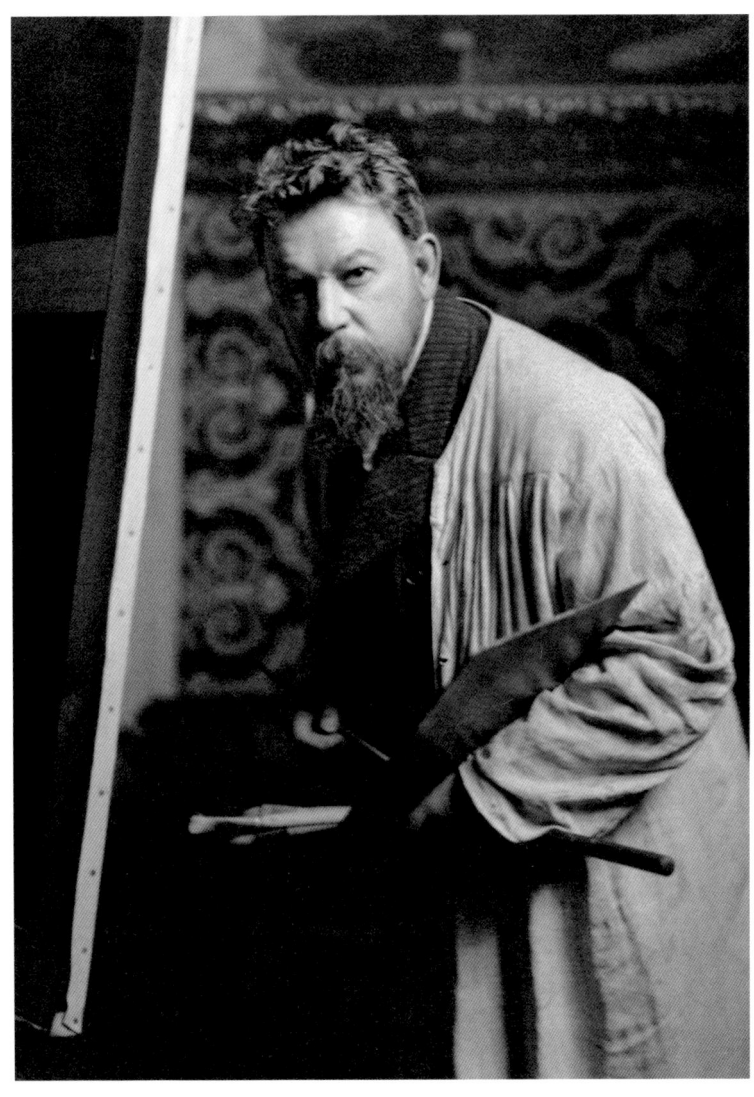

Joaquín Sorolla trabajando en su estudio, 1906. Copia de época, 320 × 240 mm.
1906 (Museo Joaquín Sorolla. Madrid)

no tarda en poblar el estudio con miembros de la realeza y la aristocracia y con otros personajes variopintos de la alta sociedad. A veces, siguiendo la costumbre tan popular en la época, tratando incluso de satisfacer a los clientes más conservadores, Franzen se zambulle en algunos retratos de carácter más pictorialista —recargados, excesivamente escenificados, se diría—, aunque el mejor Franzen aflora en sus reportajes de Madrid, la Gran Vía recorrida por peatones y coches de caballos, apenas asfaltada, contraste insólito con aire del Flattarion neoyorquino retratado por Berenice Abbott en los años 30. He aquí un retrato moderno de la ciudad, porque las ciudades tienen sin remedio mucho de personajes.

Ese Franzen nos enseña nuevas miradas, las que exige el cambio de siglo gobernado por la visualidad fotográfica y sus reglas para leer el mundo. Autor de tantos retratos maravillosos de personajes relevantes, los captura, siluetas recortadas sobre fondos austeros, apenas delineadas por cierta iluminación invisible por precisa que Franzen domina como pocos. Es el maestro de las escenas "robadas" a la clase ilustrada, a la cual sorprende en la cotidianidad de sus tertulias, sus conciertos, las sesiones de trabajo...; galería privilegiada que habitan escritores y artistas: Emilia Pardo Bazán, Pereda, Juan Valera, Pérez Galdós, Joaquín Sorolla... Sus amigos.

A Sorolla le retratará Franzen muy a menudo —casi un álbum de familia, con aire de stories en Instagram—. Aparece con frecuencia pintando o a punto de pintar, en su estudio —frente al retrato de Clotilde, su mujer, copiando a la modelo; con ella sentada mirando una lámina de Velázquez; mostrando su obra a un grupo de visitantes; de pie con las obras al fondo...— Sin embargo, entre las abundantes fotografías que Franzen hace del amigo conmueve una en especial, que realiza dos años después de que Sorolla pintara el cuadro del fotógrafo sorprendido por la mirada del artista —y por extensión la nuestra, la de los espectadores—, justo a punto de disparar su cámara.

Vista una imagen al lado de la otra, parece claro que la foto repite el gesto del propio Franzen en el cuadro, malabarismo y juego de espejos. También a Sorolla le ha sorprendido Franzen en medio de su tarea, pincel y paleta en mano. Está claro que la máquina indiscreta le ha sorprendido ensimismado, de modo que el "Artista" aparta la mirada del lienzo y nos confronta y nos mira inquisitivo, igual que hiciera el fotógrafo en el retrato de 1903, cuando la mano izquierda en la frente le sirve de visera, seguramente, para comprobar el encuadre, medir el espacio, calcular las luces... De repente, al comparar el cuadro y la foto, algo inesperado ocurre entre nuestras pupilas, imprevisible y asombroso: el cuadro de Sorolla parece sumergido en unas cualidades más fotográficas que la foto misma, donde Franzen parece querer remedar la sorpresa del lienzo. Si la foto es la capacidad misma de captar el instante, Sorolla enfatiza en el retrato asombroso de Franzen todo lo que ha aprendido de la foto. Lo que la mirada ha aprendido de la foto en el cambio de siglo. Quizás es la lección de Franzen a Sorolla, aunque ninguno de los dos sean conscientes; la lección de la foto para toda una generación cuando en el paso del XIX al XX se aprenden ciertas nuevas formas de visualidad que desde la calle del Príncipe cambiaron la narración completa de la vida en Madrid y sus habitantes.

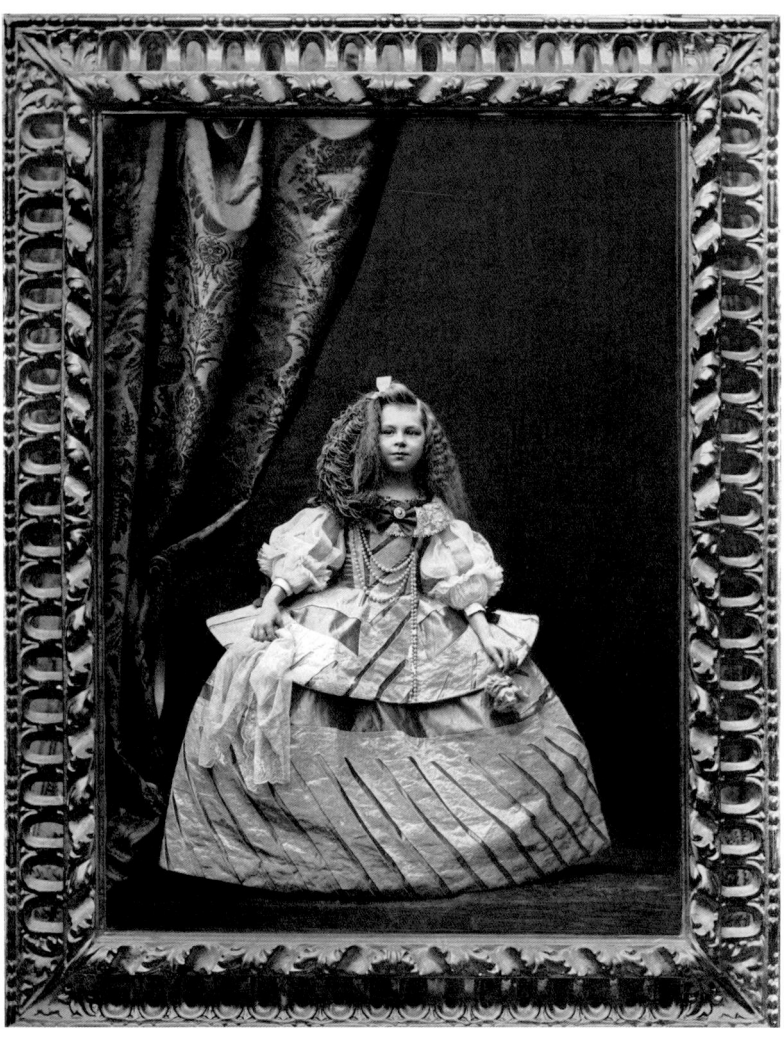

Retrato de la niña Piedad Yturbe y Scholtz. De la serie "Tres fiestas artísticas".
1902 (Colección de Pedro Melero)

De Salones y Palacios

Hijo de Andreas Martin Franzen y Elise Larsen, Christian Franzen y Nissen (1864-1923) nació en Fjolde, Dinamarca. A los pocos meses de su nacimiento, la familia se trasladó a Faxe, donde su padre se desempeñó como maestro de escuela. En 1884 comenzó a trabajar en el estudio fotográfico de Ch. Neuhaus, en Copenhague, y cuatro años después se estableció en el llamado *Atelier Français,* su primera galería propia. En ella trabajó hasta las vísperas de su viaje a España. En 1894 comenzó a colaborar en el semanario ilustrado *Blanco y Negro* y en 1897 estableció su célebre Fotografía, en el número 11 de la calle del Príncipe. Poco tiempo después, una feliz casualidad le puso en contacto con la reina regente María Cristina, madre de Alfonso XIII, que le nombró fotógrafo de la Real Casa.

Franzen se acercó pronto a los salones de la sociedad, en los que reclutaba a su clientela entre las elegantes de la corte, a las que retrataba en su célebre *Sillón Franzen,* un alto sitial gótico, que ocupaba el lugar más visible de su estudio. Su truco era simple. Agustín de Figueroa, marqués de Santo Floro, nos lo ha descrito de primera mano: "Las señoras se retratan allí luciendo galas aparatosas sobre los peldaños de la escalinata. La cola, sabiamente dispuesta, ocultando los pies y desplegada sobre las gradas, prolonga

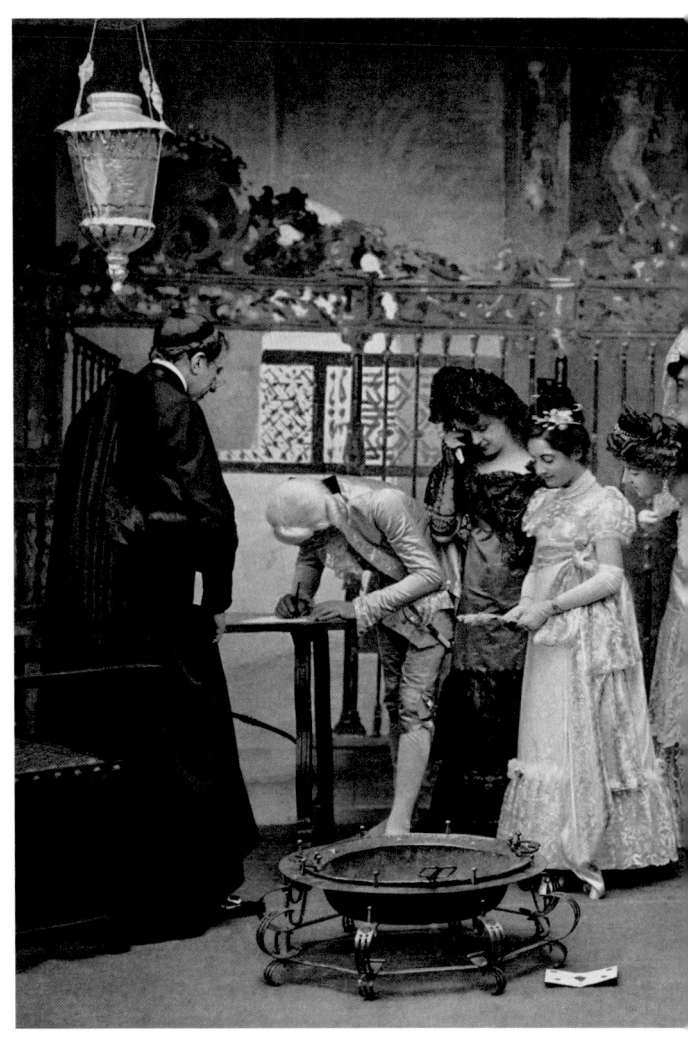

Escenificación de "La Vicaría" (1870), de Mariano Fortuny. Heliograbado, 260 × 210 mm. (Colección Pedro Melero)

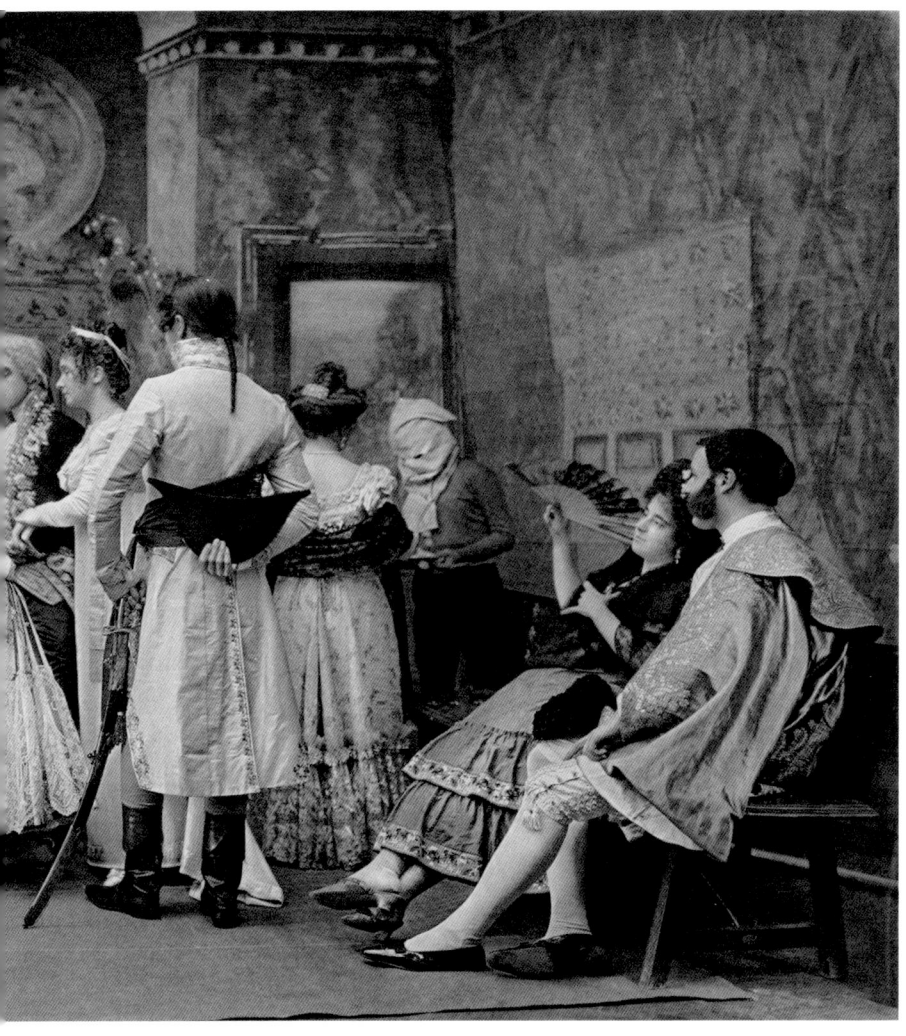

indefinidamente la femenina silueta, confiriendo empaque, elegancia y majestad". La cercanía de Franzen con la realeza y la aristocracia, le permitió realizar *Los Salones de Madrid*, un álbum de un centenar de imágenes de las reuniones nocturnas celebradas en los recordados Palacios madrileños, la mayoría demolidos debido a la desidia y la ineptitud municipales. El álbum, con textos de Monte Cristo y prólogo de la marquesa de Pardo Bazán se publicó en 1898, una fecha premonitoria de futuros desastres.

Para entonces, ya era Franzen, no sólo el fotógrafo de reyes, sino el mismísimo rey de los fotógrafos. En el umbral del nuevo siglo, sus fotografías podían contemplarse en las principales publicaciones gráficas madrileñas. Su éxito fue extraordinario. No sólo fue un retratista delicado y respetado. Fue, además, un excelente reportero, siempre atento a la realidad urbana y social de Madrid, cuyas calles retrató incansablemente de la mano del periodista Luis Bermejo, que le hacía de lazarillo. Es más que posible que su rotundo éxito social apagase buena parte de lo que en él había de creador, de investigador incansable de las nuevas sendas de la fotografía, que abandonó un tanto en favor del refinamiento pictorialista, presente en algunos retratos, como *Maternidad* (p. 35), realizado en homenaje a su admirada M. Vigée Lebrun. Su amistad con algunas de las más importantes familias de la aristocracia madrileña, le permitió realizar la obra *Tres Fiestas Artísticas* (1904), una serie hoy olvidada de escenas fotográficas de inspiración libresca, en la línea de los *tableaux vivants*, tan frecuentes en la Inglaterra victoriana y en el París del Segundo Imperio.

Auspiciada por Trinidad Scholtz, duquesa de Parcent y prologada por el marqués de Valdeiglesias, la obra incluyó medio centenar de *cuadros vivos* y *castizamente españoles* inspirados en obras de Goya, Velázquez,

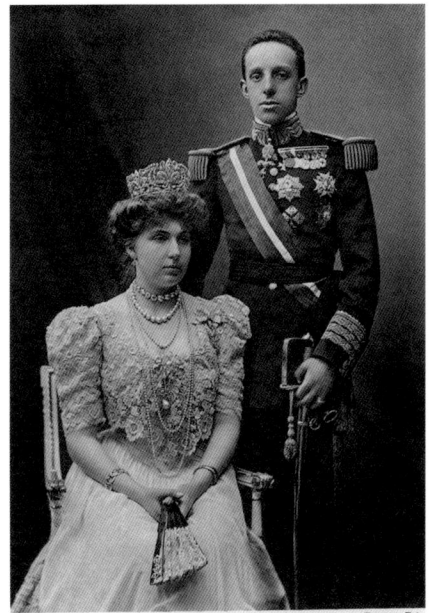

S. S. M. M. los Reyes Don Alfonso XIII.
Doña Victoria Eugenia.

Franzen, Fot.

Juan Valera y Mariano Fortuny, dispuestas por el propio fotógrafo, con el auxilio de Moreno Carbonero, Ricardo del Madrazo y Antonio Cánovas del Castillo, el futuro Káulak, autor de un par de imágenes de la serie. Las fotografías fueron impresas en magníficos heliograbados realizados en los talleres Dujardin de París. La mayoría fueron tomadas en el demolido Palacio Árabe o Palacio Xifré, que ocupaba un amplio solar en el Paseo del Prado, frente al Museo. Fueron los últimos días de aquella efímera moda de los *cuadros vivos* protagonizados por las familias aristocráticas, felizmente perpetuados por la fotografía, gracias al talento de uno de los mejores y más olvidados fotógrafos madrileños de su tiempo.

Especial agradecimiento a Pedro Melero, que nos ha prestado fotografías y publicaciones de inestimable valor, pertenecientes a su importante Archivo. Gracias también a Jaime Martínez y José Mario Armero, que nos pusieron en la pista del archivo de Franzen, en días ya remotos. Buena parte de los datos biográficos de Franzen proceden el magnífico documental *Un danés en la Corte del rey Alfonso*, producido por TVE y dirigido por Carmen Bonet.

Las fotografías de Franzen que se publican en el presente libro proceden de una donación realizada a la Academia de San Fernando por Publio López Mondéjar en el año 2008. Han sido positivadas en los talleres de Castro Prieto, en papel baritado emulsionado con gelatino-bromuro de plata, con tratamiento artesanal de archivo.

Catálogo

Edición
Real Academia de Bellas Artes
de San Fernando, 2023

Director de la colección
Publio López Mondéjar

Conservación
Ascensión Ciruelos Gonzalo
Museo. Gabinete de Dibujos,
Estampas y Fotografía

Coordinación
Guillermo García del Busto Miralles

Diseño y producción
Encarna F. Lena

Reproducción de fotografías
Pablo Linés

Tratamiento de fotografías
David Vicente (taller Auth Spirit)

Corrección de textos
Marta López
Consuelo Salvá

Impresión
Brizzolis, arte en gráficas

P. 2-3: Salón aristocrático
P. 63: Christian Franzen con su hija Mimi.
Hacia 1905. Gelatino-bromuro de plata,
592 × 389 mm. Museo de la Real Academia
de Bellas Artes de San Fernando

ISBN: 978-84-96406-85-8
D.L.: M-35247-2023

Impreso en España

EDICIONES
DEL AZAR

Esta publicación ha sido
subvencionada por la Dirección
General de Bibliotecas, Archivos
y Museos (Área de Gobierno de
Cultura, Turismo y Deporte)
del Ayuntamiento de Madrid,
con cargo a los presupuestos
municipales del año 2023

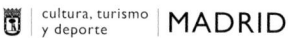

TÍTULOS PUBLICADOS EN
ESTA COLECCIÓN

01

Paco Gómez.
Textos de Antonio Muñoz Molina
y Ramón Masats

02

Virxilio Vieitez.
Textos de Antonio Lucas, Keta Vieitez
y Christian Caujolle

03

Francesc Català-Roca.
Textos de Manuel Gutiérrez Aragón,
Carlos Ruiz Zafón y Marta Rivera de
la Cruz

04

Martín Chambi.
Textos de Mario Vargas Llosa
y Publio López Mondéjar

05

Ramón Masats.
Textos de Juan Manuel Caballero
Bonald, Carlos Saura y Óscar
Tusquest

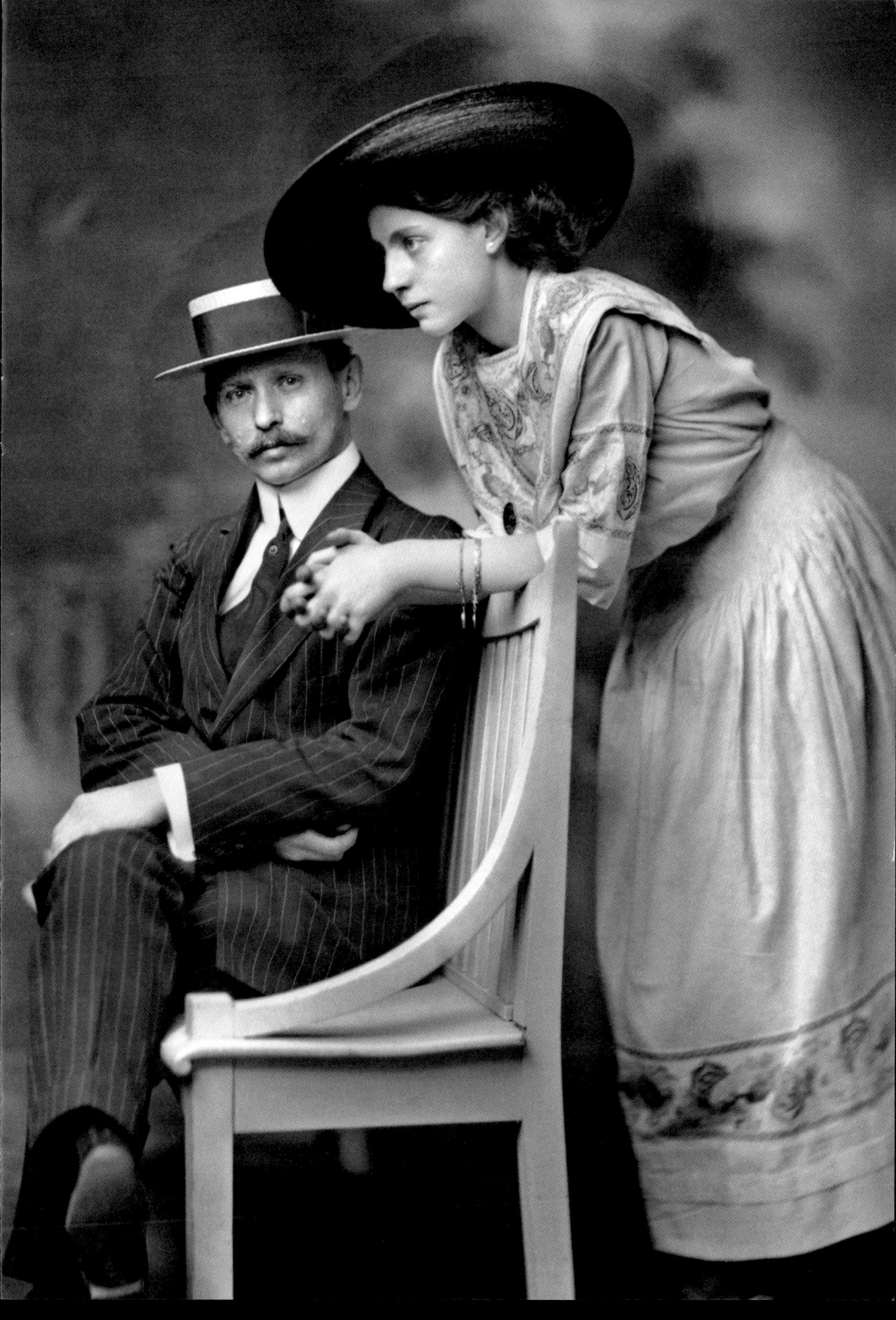